O.W. BARTH

FELICIAN SCHEU

URBAN SAMURAI

Wie wir die Weisheit der friedvollen Krieger in unserem Alltag nutzen

O.W. BARTH

Die in diesem Buch vorgestellten Empfehlungen und Übungen wurden von dem Autor und dem Verlag sorgfältig geprüft und haben sich in der Praxis bewährt. Da jeder Mensch für sich besonders ist, können wir allerdings Ergebnisse nicht garantieren. Der Verlag und der Autor schließen jegliche Haftung für Gesundheits- und Personenschäden aus.

Besuchen Sie uns im Internet:
www.ow-barth.de

MIX
Papier | Fördert gute Waldnutzung
FSC® C014496

Originalausgabe März 2024

Redaktion: Martina Darga
Covergestaltung: Alexandra Dohse / www.grafikkiosk.de
Coverabbildung: Artwork Alexandra Dohse unter Verwendung von Shutterstock.com und Midjourney
Satz und Layout: Adobe InDesign im Verlag
Druck und Bindung: GGP Media GmbH, Pößneck
ISBN 978-3-426-29342-3

2 4 5 3 1

Inhaltsverzeichnis

Meinem Sohn Nathan und allen,
die auf der Suche nach dem Weg sind

Jeder Mensch hat einen Geist, der sich weiterentwickeln lässt, einen Körper, der sich auf irgendeine Weise schulen lässt, und einen für ihn geeigneten Pfad, dem er zu folgen vermag.

Morihei Ueshiba

Einleitung

Liebe Leserin, lieber Leser,

gehörst du zu den Menschen, die bereits genau wissen, wer sie sein wollen, und ganz klare Ziele im Leben haben? Oder gehörst du zu den Menschen, die zwar tief in ihrem Inneren eine verschwommene Vorstellung davon haben, wie ihr Leben sein sollte und was für eine Person sie eigentlich sein möchten, aber im hektischen Alltag an diesen Träumen vorbeileben?

Ganz egal, zu welcher Gruppe du dich zählst, es ist Ziel dieses Buches, deinen Fokus zu schärfen und dir dabei zu helfen, deinen eigenen, persönlichen Pfad zu finden. Der Weg des friedvollen Kriegers kann dir hierbei Stütze und Wegweiser sein.

Als ich zu Beginn des Jahres 2020 mit dem Schreiben dieses Buches begann, hatte ich mich gerade schweren Herzens dafür entschieden, eine mit einem Rechtsanwaltskollegen gemeinsam mühsam aufgebaute Anwaltskanzlei wieder zu verlassen. Grund hierfür war nicht etwa mangelnder Erfolg, sondern der Umstand, dass ich merkte, dass diese Kanzlei nicht mein persönlicher Pfad war, den ich in meinem Leben beschreiten wollte. Obgleich mir die Arbeit viel Spaß machte, bemerkte ich, dass ich sowohl körperlich als auch geistig und seelisch immer weiter ins Ungleichgewicht geriet und ich mich mehr und mehr von der Person entfernte, die ich eigentlich sein wollte.

Aufgrund ihrer Weisheit, ihrer Disziplin und ihrer Ritterlichkeit hatten mich die alten Samurai bereits von Kindesbeinen an fasziniert. So war es nicht überraschend, dass es mich zu Studienzeiten nach Asien und insbesondere nach Japan verschlug. Nicht zuletzt dort kam ich weiter mit dem Konzept des *Bushidō*, dem »Weg des Kriegers«, sowie mit den japanischen Kampfkünsten in Berührung. Der in Japan kultivierte Weg des Kriegers ähnelt in vielen Bereichen den Idealen des europäischen Rittertums des Mittelalters. Der große Unterschied besteht aber darin, dass sich der japanische Weg des Kriegers bis ins 20. Jahrhundert hinein fortsetzte und durch die japanische Gesellschaft kultiviert wurde. Auch weit nach Ende der Samurai-Zeit wurde Bushidō von Kampfkünstlern, wie beispielsweise dem Aikidō-Begründer Morihei Ueshiba, die sich in der Nachfolge der Samurai sahen, weiterentwickelt, angepasst und teils sogar neu interpretiert.

Da ich nun also merkte, wie ich meinen Pfad immer weiter aus den Augen verlor, las ich in vielen Büchern zum Thema Samurai, in der Hoffnung, hierdurch wieder Klarheit und Fokus zu erlangen. Im Internet entdeckte ich, dass die Popkultur die Samurai bereits einer modernen Interpretation unterzogen hatte, die oftmals unter dem Begriff »Urban Samurai« bezeichnet wird. Hierbei handelt es sich jedoch nicht um einen klar definierten und feststehenden Begriff, sondern vielmehr um eine lose, nicht homogene Bewegung von Menschen, die die Tugenden und Prinzipien der Samurai in ihren Alltag integrieren.

Urban Samurai – das hörte sich für mich gut an. So ein moderner Samurai wollte ich auch werden. Ich begann, wieder Sport zu treiben und mich bewusster zu ernähren. Gleichzeitig probierte ich Meditation und Achtsamkeitsübungen aus. Zudem nahm ich mir wieder die Zeit zum kreativen Schreiben, da mir dies immer viel Freude bereitet hatte, mir aber in den letzten Jahren einfach die Zeit und vor allem die Muße gefehlt hatte. Nicht zuletzt intensivierte ich mein Training im Selbstverteidigungssystem Krav Maga[1], bis ich schließlich selbst Instructor wurde und somit Unterricht geben konnte.

Durch diese Veränderungen und Maßnahmen gelang es mir nach und nach, Körper und Geist wieder ins Gleichgewicht zu bringen und meinen Fokus zurückzuerlangen. Ich nahm die Arbeit in einer neuen Kanzlei auf und spezialisierte mich weiter auf bestimmte Rechtsgebiete, die mir Spaß machten und in denen ich die Mandanten demzufolge bestmöglich beraten und mich für deren Belange einsetzen konnte. Nachdem ich es geschafft hatte, mich nicht mehr einfach nur im Arbeitsalltag passiv treiben zu lassen, konnte ich mir endlich Gedanken darüber machen, wer ich eigentlich sein wollte und wie ich mir mein Leben vorstellte. Hierbei stolperte ich auch über das Konzept des »Haben oder Sein« von Erich Fromm und war überrascht, als ich bemerkte, dass der Weg des Kriegers sich ebenfalls mit diesem Thema befasst und die Lebensweise des Seins propagiert. Gerade in der Wirtschaftswelt, aber auch in der digitalen Glamourwelt von Social Media wird oftmals suggeriert, dass es im Leben vor allem erstrebenswert sei, möglichst viel materiellen Wohlstand und Status anzuhäufen. Besitz und Status sind nicht zwangsläufig verwerflich. Allerdings sollte man sich immer die Frage stellen, ob sie allein zu Glück und Zufriedenheit führen und ob man sich dadurch definieren möchte. Wichtig ist auch zu hinterfragen, ob man zur Erreichung dieserart Lebensziele seinen Werten und Prinzipien

1 Krav Maga ist ein Selbstverteidigungssystem, das in Israel entwickelt wurde. Es kombiniert Techniken aus verschiedenen Kampfkünsten und konzentriert sich auf schnelle, effektive und einfache Techniken, die in realistischen Situationen angewendet werden können. Krav Maga legt besonderen Wert auf schnelle Reaktionen und Szenariotraining, um die Fähigkeit zur Selbstverteidigung in realen Situationen zu verbessern.

treu bleiben kann oder ob das eigene Fortkommen vielleicht sogar zu Lasten anderer geht.

Natürlich war mir bewusst, dass sich die Weisheiten und Konzepte einer seit über hundert Jahren vergangenen Kriegerkaste nicht eins zu eins in die moderne Welt übertragen lassen, zumal die jeweiligen Lebenswirklichkeiten wohl nicht weiter voneinander entfernt sein könnten. Aber es überraschte mich doch, wie viele hilfreiche Antworten diese Weisheiten und Konzepte auf die Probleme und Fragen des modernen Menschen liefern – sofern sie an unsere modernen Lebensumstände angepasst werden. Insbesondere die berühmten Tugenden der Samurai wie Rechtschaffenheit, Mut, Mitgefühl, Höflichkeit, Unverfälschtheit, Ehr- und Pflichtbewusstsein können gerade in der heutigen Zeit einen Gegenentwurf zum Lebensmotto »Ich, alles, jetzt« darstellen, das im Wesentlichen von Selbstsucht, Egozentrik und fehlendem Respekt gegenüber Mensch und Natur geprägt ist. Die Tugenden der Samurai lassen sich von uns sowohl im beruflichen als auch im persönlichen Bereich als Leitprinzipien nutzen.

Weiter entdeckte ich, dass viele Themen, die derzeit unter dem Label der »Selbstoptimierung« vermarktet werden, dem Weg des Kriegers schon immer innewohnten. Nicht zuletzt deshalb, weil die Samurai wussten, dass sie jederzeit auf dem Schlachtfeld sterben konnnten, versuchten sie, ihre Lebenszeit bestmöglich zu nutzen und Körper und Geist weiterzuentwickeln. Dieses Streben lebt in den meisten japanischen Kampfkünsten weiter. Anders als der heute grassierende, teils toxische Selbstoptimierungswahn verfolgt der Weg des Kriegers kein Ziel in dem Sinne, dass durch die eigene Optimierung mehr Geld, gutes Aussehen oder ein lässiger Influencer-Lebensstil erreicht werden soll. Vielmehr gilt die bekannte asiatische Weisheit: Der Weg ist das Ziel.

Und so sollen wir danach streben, möglichst gute Menschen zu werden und unserem Idealbild nahezukommen.

In mir festigte sich immer mehr die Überzeugung, dass der Weg des Kriegers vielen Menschen ein Wegweiser in einer immer komplizierteren Welt sein kann. Allerdings fragte ich mich, ob dieser Weg wirklich auch für jeden geeignet sei. Meiner Meinung nach setzt er nämlich den Willen voraus, zu beschützen und zu bewahren. Denn ein Krieger ist in erster Linie ein Beschützer. Dies bedeutet nicht, dass ein heutiger Krieger oder Urban Samurai zwangsläufig als Soldat, Polizist oder in einem anderen vergleichbaren Beruf arbeiten muss. Es ist auch unerheblich, ob er ein Mann oder eine Frau, stark oder schwach ist. Wichtig ist allein, dass er den Willen hat, sich selbst und andere zu beschützen. Hierbei ist nicht nur die Verteidigung gegen körperliche und verbale Gewalt gemeint, sondern auch das Bestreben, die eigenen Prinzipien zu verteidigen und diejenigen zu unterstützen, die hilfsbedürftig und weniger privilegiert sind. Sich friedvoll zu verhalten, ist eine bewusste Entscheidung, anderen Menschen und der Umwelt nicht destruktiv gegenüberzutreten. Wenn du dich hierdurch angesprochen fühlst, dann lade ich dich herzlich ein, den Weg des friedvollen Kriegers zu gehen und zum Urban Samurai zu werden.

Urban Samurai ist kein Buch über Japan, die alten Samurai oder eine einzelne Thematik in diesem Zusammenhang. Vielmehr ist es ein umfangreicher Ratgeber, der verschiedene Bereiche des Lebens abdeckt und dazu einlädt, sich selbst weiterzuentwickeln und seinen eigenen authentischen Pfad zu finden.

An dieser Stelle sei gesagt, dass die in diesem Buch verwendeten Begriffe wie Krieger oder Samurai ausdrücklich sowohl Männer als auch Frauen gleichermaßen meinen. Somit bezieht sich hier das generische Maskulinum zugleich auf die männliche, die weibliche und auf andere Geschlechteridentitäten. Ebenso sind alle Ratschläge und Übungen unabhängig vom Geschlecht für alle Urban Samurai gedacht. Zur besseren Lesbarkeit wird aber auf die Verwendung männlicher und weiblicher Sprachformen verzichtet. In diesem Zusammenhang ist zu erwähnen, dass es im historischen Japan auch durchaus weibliche Samurai gab. Diese wurden *Onna-Bugeisha* 女武芸者 genannt, was so viel wie »weibliche Kriegerin« heißt. Die Existenz dieser weiblichen Samurai zeigt, dass der Kampf gegen Stereotype und traditionelle Rollenbilder viel älter ist, als man gemeinhin glauben mag, und auch im fernen Osten ein Thema war und natürlich nach wie vor ist.

Wichtig ist mir noch zu erwähnen, dass es sich bei diesem Buch nicht um eine wissenschaftliche Arbeit handelt. Die Lehre der Samurai und der Weg des Kriegers sind durchdrungen von einer Vielzahl kultureller und spiritueller Konzepte, die dem Konfuzianismus, Shintoismus, Buddhismus, Daoismus und vielen weiteren Quellen entspringen. Dieses Buch kann keine detaillierte Darstellung dieser tiefgründigen Lehren sein. Vielmehr greift es einzelne, wichtige Aspekte auf, bettet sie in ihren damaligen Kontext ein und zeigt, wie wir sie auf unsere Zeit übertragen können. Darüber hinaus stellt es einige Übungen und Methoden anderer Systeme vor, die ich selbst erprobt und in mein Leben integriert habe. Aus der Vielzahl der uns zur Verfügung stehenden Übungen habe ich jene ausgewählt, die meiner Erfahrung nach den heutigen Urban Samurai bestmöglich unterstützen können.

Wichtig zu erwähnen ist mir überdies, dass *Urban Samurai* weder moralische Ansprüche erheben, noch der heute verbreiteten sogenannten Selbstoptimierung dienen soll. Es stellt lediglich einen Vorschlag dar, wie der Weg des friedvollen Kriegers im Alltag gelebt werden kann.

Ich hoffe, dass dir dieser Weg ebenso viel Freude und Kraft gibt, wie es bei mir der Fall war und ist, und dass er dir hilft, deinen ganz eigenen persönlichen Pfad im Leben zu finden. In diesem Sinne lass uns beginnen.

Felician R.R. Scheu

BUSHIDŌ

Der Weg des Kriegers

1

Ein geeigneter Pfad – Dō

Der Weg des Urban Samurai beginnt bei dir. Er ist dein Weg – ob du nun weiblich oder männlich, stark oder schwach, groß oder klein, jung oder alt, gesund oder krank, reich oder arm bist und egal, was du bislang in deinem Leben schon durchgemacht hast. Jeder kann zum Urban Samurai werden und sich und die Welt, in der wir leben, zum Besseren verändern. Jeder von uns hat einen Geist, der sich schulen und weiterentwickeln, und einen Körper, der sich auf irgendeine Weise trainieren lässt. Für jeden Menschen existiert ein geeigneter Pfad, dem er folgen kann. Alles, was du hierfür tun musst, ist, den ersten Schritt zu gehen.

> *Das Leben ist Wachstum. Hören wir auf, dazuzulernen und spirituell zu wachsen, dann sind wir so gut wie tot.*
>
> ***Morihei Ueshiba***

In der japanischen Tradition der Samurai gibt es das Konzept des *Dō* 道. Dō kann mit »Weg« oder »Straße« übersetzt werden. Dieser Weg wird als ein lebenslanger Prozess der Entwicklung, des Lernens und Übens betrachtet. Wenn du glaubst, schon alles zu wissen, alles gesehen zu haben, und nur noch vor dich hinlebst, wirst du aufhören, dich weiterzuentwickeln, und nicht mehr wachsen. Das Gleiche kann dir passieren, wenn du dich und deine Träume innerlich bereits aufgegeben und dich damit abgefunden hast, deine Komfortzone niemals zu verlassen. Dō erstreckt sich auf alle deine Lebensbereiche. Es geht darum, dass du dich stets zum Besseren formst, dass du wissbegierig bist und an dir arbeitest. Der Weg lässt sich am besten als Wegweiser verstehen, der die Richtung und den Rahmen vorgibt – der jedoch vielerlei Pfade umfasst, die alle unterschiedlich sein mögen, aber zum gleichen Ziel führen.

Du musst verstehen, dass es mehr
als einen Weg zur Spitze des Berges gibt.

Miyamoto Musashi

In der heutigen Zeit ist es oftmals schwer, seinen Pfad zu finden. Zu groß ist der Lärm, der einen umgibt, zu vielfältig sind die Möglichkeiten, die sich einem auftun, zu verlockend sind kurze Vergnügen und permanente Ablenkungen. Dem modernen Menschen stehen alle Möglichkeiten offen, und doch weiß er nicht, welche er ergreifen soll. Der Weg des Urban Samurai kann dir dabei helfen, deinen Fokus zu schärfen und zu erkennen, wer du wirklich bist und was du wirklich willst. Um diese Klarheit zu erreichen, strebt der Urban Samurai danach, Körper und Geist in ein harmonisches Gleichgewicht zu bringen. Er orientiert sich hierbei an den Weisheiten der alten Samurai und passt sie an das moderne Leben an. Dadurch erhält er seinen Fokus zurück und lernt, sich körperlich und geistig weiterzuentwickeln, seine Lebenszeit sinnvoll zu nutzen und sich und andere zu beschützen.

Höchstes Ziel der Samurai war es, durch das Beschreiten des Wegs zum *Tatsujin* 達人 zu werden. Tatsujin kann mit »Meister oder Mensch, der das Ziel erreicht hat« übersetzt werden. Gleichwohl liegt dem Konzept des Tatsujin die Idee zugrunde, dass man diese Meisterschaft zu Lebzeiten nicht erreichen kann. Der Weg ist, wie gesagt, das Ziel. Es geht um den Versuch, das Ziel zu erreichen, denn eben dieser Versuch lässt den Praktizierenden zu einem besseren Menschen werden, der sich auf seinem Weg der Übung unablässig vervollkommnet.

Während sie auf dieses Ideal zustrebten, orientierten sich die Samurai am Prinzip *Shin-Gi-Tai* 心技体. Hierunter verstehen sie die »Dreieinheit« von Geist (*Shin*), Technik (*Gi*) und Körper (*Tai*). Die Samurai waren der Auffassung, dass das Innen und das Außen im Menschen miteinander verbunden sind und somit jede Technik immer ein Abbild der inneren Haltung darstellt. Dementsprechend galt es, beide Ebenen zu beeinflussen und in Harmonie zusammenzuführen. Hierdurch sollte eine Balance von Körper und Geist erreicht werden. Die Samurai trainierten daher nicht nur täglich ihre Kampftechniken und Kampffertigkeiten (Gi), sondern auch Kraft und Ausdauer des Körpers (Tai) sowie Wachsamkeit, Achtsamkeit, Haltung und Intuition des Geistes (Shin). Shin-Gi-Tai wird oft als eines der grundlegenden Prinzipien des Wegs des Kriegers, des *Bushidō* 武士道, bezeichnet. Nur durch die Balance und Harmonie zwischen diesen dreien – dem Geist oder der Haltung eines Kriegers, seinen Fähigkeiten und Techniken sowie seinem Körper und seiner körperlichen Fitness – kann ein Krieger sein volles Potenzial erreichen. Es reicht also nicht aus, dass er hohe Fertigkeiten in den Kampfkünsten erlangt. Vielmehr muss er seine geistige, technische und körperliche Entwicklung zugleich vorantreiben und alle drei Bereiche gleichermaßen trainieren.

In diesem Buch machen wir uns dieses Prinzip des Shin-Gi-Tai zunutze und passen es an die Erfordernisse unserer modernen Alltagswelt an. Auf diese Weise wird es dir leichterfallen, einen für dich geeigneten Pfad zu finden und diesen konsequent zu gehen. Durch Shin-Gi-Tai wirst du dich körperlich und geistig weiterentwickeln und außerdem lernen, wie du dich gegen körperliche und verbale Gewalt zur Wehr setzen kannst.

Doch zunächst stellt sich die Frage, was eigentlich einen modernen Samurai ausmacht? Dass er mit zwei Schwertern bewaffnet durch die Gegend spaziert? Eher nicht. Samurai bedeutet wörtlich übersetzt »Dienender«. Die wichtigste Eigenschaft eines Samurai war daher seine unbedingte Treue zu seinem Lehnsherrn. Diese Treue reichte bis in den Tod und basierte auf dem Ehrenkodex der Samurai – dem Bushidō. Aus heutiger Sicht erscheinen die unbedingte Treue und die teils bedingungslose Unterwerfung eines Samurai unter den Willen eines Fürsten oder unter ein geistiges oder politisches Regelsystem nicht mehr zeitgemäß. Gleichwohl hat das Konzept der Treue auch in der modernen Welt seine Berechtigung. Es geht nämlich nicht zwangsläufig um die Treue gegenüber einem Führer, einem System oder einem Staat, sondern um die Treue zu sich selbst. Es geht um die Treue gegenüber den eigenen Werten und Prinzipien. Wer sich selbst treu ist, ist authentisch und kann gehobenen Hauptes durchs Leben gehen.

*Es existiert nichts außerhalb deiner selbst,
das es dir ermöglicht, besser, stärker, schneller
oder intelligenter zu werden. Alles liegt in dir.
Alles ist da. Suche nichts außerhalb von dir.*

Miyamoto Musashi

Gerade in unserem hochökonomisierten und digitalisierten Zeitalter stellt sich die Frage, ob wir überhaupt wissen, wer wir sind, für was wir einstehen und was für ein Leben wir führen möchten. Diese Fragen lassen sich aber neben dem täglichen Dauerkonsum und der ständigen Jagd nach Ablenkung und Vergnügen gar nicht so leicht beantworten. Ein Urban Samurai lässt sich jedoch nicht ablenken und bleibt fokussiert auf das, was ihm wichtig ist, und auf das, was er im Leben erreichen möchte. Zunächst musst du begreifen, was für eine einmalige Chance du hast, überhaupt die Erfahrung des Lebens machen zu dürfen. Vergeude dieses einzigartige Geschenk nicht, sondern koste es voll aus und sei dankbar. Du wirst deinen dir bestimmten Pfad finden. Für die Samurai lag der Sinn des Lebens darin, gut zu leben und gut zu sterben. Ziel war es also, die gegebene Lebenszeit bestmöglich zu nutzen und Körper, Geist und Seele durch beständige Übung zu bilden und zu verbessern. Gut zu sterben hingegen bedeutete für einen Samurai, zum Zeitpunkt des eigenen Todes nicht am Leben festzuhalten, sondern Körper, Geist und Seele freudig und selbstbestimmt freizugeben. Der Weg des friedvollen Kriegers liegt somit darin, kontinuierlich und lebenslang an sich selbst zu arbeiten, um ein besserer Mensch zu werden und die Welt zu einem besseren Ort zu machen.

Es geht hierbei nicht darum, ein perfektes Leben zu führen. Oftmals besteht ein hoher gesellschaftlicher oder familiärer Druck, sein Leben in einer bestimmten Art und Weise zu führen. Am Ende des Tages musst du aber allein entscheiden, was dich glücklich macht und was nicht. Lass dich daher nicht unter Druck setzen oder dir von anderen Menschen vorschreiben, wie ein vermeintlich perfektes Leben auszusehen hat. Denke daran, dass die Lebensreise deine eigene ist und nicht die eines anderen Menschen. Deshalb muss auch der Pfad, den du wählst, der deine sein. Nur auf diese Weise bleibst du dir selbst treu und schaffst etwas Einzigartiges. Befreie dich auch von dem Druck, den du dir vielleicht selbst auferlegst. Du musst nicht perfekt sein. In der japanischen Ästhetik gibt es die Idee des *Fukinsei* 不均斉, was die Ablehnung der Perfektion bedeutet. Ein Tisch, dessen hölzerne oder steinerne Tischplatte von Asymmetrien und Unregelmäßigkeiten durchzogen ist, mag nicht so perfekt aussehen wie ein Tisch, der mit einer Lackglasur überzogen wurde. Der Lacktisch mag eine perfekte glatte und gleichmäßige Oberfläche haben, aber der Holz- oder Steintisch ist einzigartig, da seine natürlichen ungleichen Formen und Muster sich in harmonischer Balance befinden. Die Samurai nannten dies die Schönheit der Unvollkommenheit und entwickelten eine Wertschätzung für Dinge, die nicht perfekt sind. Die Ablehnung der Perfektion war somit ein wichtiger Aspekt für die Samurai, welche ständig mit der Vergänglichkeit und der Unvorhersehbarkeit des Lebens konfrontiert waren. Dein Leben muss also nicht perfekt sein. Notwendig ist allein die richtige Balance. In diesem Sinne bist du eingeladen, den friedvollen Krieger in dir zu wecken und den Weg des Urban Samurai zu gehen.

Zwar empfiehlt es sich, die Kapitel der Reihe nach zu lesen, es ist aber nicht zwangsläufig notwendig. Wenn du willst, kannst du auch direkt zu den Kapiteln springen, die dich besonders interessieren.

Reflexionsfragen

- Stelle dir dein Leben als Abenteuerroman vor. In welche Kapitel hast du es eingeteilt und welche Überschriften tragen diese?
- Gibt es ein Ziel in deinem Roman, das du als Hauptperson erreichen möchtest?
- In welchem Kapitel befindest du dich gerade?
- Wie findest du das Kapitel, in dem du dich gerade befindest? Möchtest du noch in diesem verweilen, sehnst du dich nach dem vorangegangenen Kapitel zurück, oder freust du dich schon auf das nächste Kapitel?

- Gibt es ein Kapitel, das du gerne noch einmal erleben würdest? Würdest du etwas anders machen wollen?
- Wenn du wüsstest, dass das jetzige Kapitel dein letztes sein würde, was würdest du unbedingt noch gerne tun?

Herausforderung

- Gehe den ersten Schritt auf dem Weg.

2

Der friedvolle Krieger – Die Geschichte der Samurai

Ein Urban Samurai ist ein friedvoller Krieger. Lass dich von dem martialisch anmutenden Begriff »Krieger« nicht abschrecken. Ein Krieger zu sein bedeutet letztlich nichts anderes, als ein Beschützer zu sein. Friedvoll kann ein Krieger nur sein, wenn er weiß, wie er sich und andere im Notfall verteidigen, also beschützen kann. Denn nur, wenn er diese Fähigkeiten besitzt, kann er sich aktiv dafür entscheiden, keine Gewalt einzusetzen, sondern friedvoll zu handeln. Wer jedoch nicht in der Lage ist, notfalls auch physische Kraft einzusetzen, kann nicht friedvoll sein, da er schlicht wehrlos ist. Friedfertigkeit hat mit der Entscheidung zu tun, seine Kräfte in den Dienst einer guten Sache zu stellen. Glücklicherweise geraten wir in unseren Breitengraden noch immer eher selten in eine Notwehrsituation. Wenn dies gleichwohl einmal passiert, sollte der Urban Samurai wissen, wie er sich und andere auch gegen körperliche Gewalt verteidigen kann. Im Abschnitt »Gi« dieses Buches wirst du deshalb lernen, wie du unbeschadet aus einer solchen Gefahrensituation herauskommst und welches Mindset du hierfür brauchst.

Den größten Kampf trägt der friedvolle Krieger jedoch mit sich selbst aus, indem er sich immer wieder an seine Werte und Prinzipien erinnert und nach diesen handelt. Ein Urban Samurai übt sich in Disziplin und kämpft gegen die Versuchungen, die ihn von seinem Pfad und seinen Vorhaben abbringen wollen. Er schlägt die Schlachten des Alltags, sei es im Umgang mit seinen Mitmenschen, beim Einsatz für den Schutz der Erde und ihrer Bewohner, im tagtäglichen Job, in der Beziehung und so weiter.

Auch wenn der Urban Samurai nicht auf dem Schlachtfeld mit gezogenem Schwert kämpft, sondern ganz andere Probleme und Schwierigkeiten zu lösen hat, lohnt doch ein kurzer Blick in die Historie der Samurai. Hierbei wirst du unter anderem erfahren, warum der von den Samurai verfolgte Weg des Kriegers auch für unser heutiges Leben von Bedeutung sein und sogar als Weg des Friedens verstanden werden kann.

Jahrhundertelang haben die Samurai Japan beherrscht und mit ihrem Mut und scheinbar unbeugsamen Willen heldenhafte Taten vollbracht. Zwar endete das Zeitalter der Samurai bereits Ende des 19. Jahrhunderts, doch die Faszination für diese Kriegerkaste ist auch heute noch ungebrochen. Dies zeigt sich nicht zuletzt dadurch, dass die Samurai ein fester Bestandteil der Film- und Popkultur geworden sind. Hier werden sie oftmals als idealistische Ritter dargestellt, die sich nichts aus Geld und Besitztümern machten, die zu ihrem Wort standen, loyal bis in den Tod waren, nur eine Mahlzeit pro Tag aßen, Leid ohne zu jammern ertrugen und ihr Leben für diejenigen riskierten, die ihre Hilfe benötigten.[1]

Die Ära der historischen Samurai begann im frühen 8. Jahrhundert, als der japanische Kaiser, der *Tennō* 天皇, Krieger damit beauftragte, das Land gegen feindliche Invasoren zu schützen. Auf dem Papier war der Kaiser der oberste Herrscher im alten Japan. Tatsächlich jedoch wurde das Land ab dem 12. Jahrhundert bis zum Ende der Samurai-Zeit in der zweiten Hälfte des 19. Jahrhunderts vom

1 Vgl. Hubbard, 2019, S. 16.

Anführer der Regionalfürsten, dem *Shōgun* 将軍, beherrscht. Während der Kaiser die gesetzliche Autorität im Lande und der Shōgun ihm offiziell untergeordnet war, sah die Wirklichkeit dergestalt aus, dass es der Kaiser war, der sich letztlich dem Willen des Shōgunats unterzuordnen hatte. Der Shōgun wiederum kontrollierte die ihm untergeordneten Regionalfürsten, unter denen die Samurai standen. Bei der Ausübung und Aufrechterhaltung seiner Macht verließ sich der Shōgun auf militärische Stärke, deren Fundament die Kriegerkaste der Samurai bildete.

Für eine lange Zeit in der Geschichte war die Kaste der Samurai ein offenes System. Es konnten also auch ein Bauer, ein Händler oder ein Handwerker in die höhere Kaste der Samurai aufsteigen. Diese Möglichkeit endete jedoch im 16. Jahrhundert, als ein Aufstieg zwischen den gesellschaftlichen Kasten nicht mehr erlaubt wurde. Von da an bildeten die Samurai eine in sich geschlossene Gemeinschaft. Hintergrund dieser Entwicklung war, dass es der Kriegsfürst Tokugawa Ieyasu 徳川 家康 erstmals in der Geschichte Japans geschafft hatte, nach Jahrhunderten des Krieges eine Zeit des Friedens einzuläuten und das Land zu vereinen. Er rief sich selbst zum Shōgun aus und verfügte, dass das Recht auf Titel und Amt des Shōguns fortan auf seine Nachkommen übergehen sollte. Das Volk wurde in Kasten eingeteilt, wodurch die gesellschaftliche Stabilität gesichert werden sollte.

Die Herrschaft des Tokugawa-Shōgunats währte von 1603 bis 1868 und wird in Anlehnung an die damalige Hauptstadt Edo 江戸 (das heutige Tokio) auch Edo-Zeit genannt. Es war eine Periode des Friedens und die Blüte der Samurai. Das Land war streng abgeschottet vom Rest der Welt, weswegen auch nur sehr begrenzt moderne Feuerwaffen ins Land kamen. Hierdurch war es den Samurai – anders als den europäischen Rittern – möglich, ihren Stand gegenüber den unteren Kasten zu wahren und das Schwert als Hauptwaffe weiter zu nutzen. Während dieser Zeit war der Gebrauch eines Schwertes ausschließlich den Samurai gestattet, und ein Samurai führte stets zwei Schwerter mit sich: ein Lang- und ein Kurzschwert. So wurde das Schwert Sinnbild für die Kaste der Samurai. Das längere Schwert, das sogenannte *Katana* 刀, wird noch heute oftmals als die »Seele des Samurai« bezeichnet.

Es war diese Zeit des Friedens, die es den Samurai erlaubte, sich neben den Kriegskünsten auch anderen Dingen zu widmen und an persönlichem Wachstum zu arbeiten. Denn entgegen der allgemeinen Vorstellung waren Samurai nicht nur Krieger, sondern übten sich auch in den schönen Künsten, in Spiritualität und in den Wissenschaften. Die Söhne der Samurai-Familien genossen neben ihrer Ausbildung in den Kriegskünsten oftmals auch Unterricht in klassischer Literatur, Philosophie, Geschichte, Kalligrafie, Konfuzianismus und dergleichen. Man nannte dies *Bunbu Ryōdō* 文武両道, was so viel bedeutet wie »beide Wege der Literatur und des Militärs«. Es war also die Ausbildung von Körper und Geist, die einen Krieger vollständig machte.

Auch ein Urban Samurai versucht, sich möglichst umfangreiches Wissen und Erfahrungen aus den verschiedensten Bereichen anzueignen. Dies bedeutet nicht, dass du nicht auf einem Gebiet ein absoluter Experte sein kannst. Im Gegenteil. Viele Samurai waren vollendete Krieger und somit wahre Experten im Bereich des Krieges und Kampfes. Gleichwohl erkannten sie, dass dies nicht ausreichend war, um die beste Version ihrer selbst zu werden, und dass es sinnvoll sein konnte, weitere Fähigkeiten zu erlernen. Auch du solltest daher schauen, welche Dinge dich noch in deinem Leben interessieren. Ganz egal, was es ist, und unabhängig davon, ob es dir zunächst völlig fremd und vielleicht sogar unpassend erscheint. Bist du Programmierer und sitzt viel alleine vor dem Computer, dann könntest du dir überlegen, eine Sportart, vielleicht sogar eine Teamsportart zu suchen. Bist du Musiker, dann befasse dich doch mal mit Volkswirtschaftslehre oder Chemie. Bist du Rechtsanwalt, besuche einen Programmierkurs. Bist du ein Bäcker, lerne eine Fremdsprache. Dies sind Beispiele, und sie bedeuten nicht, dass du etwas tun sollst, was dich nicht interessiert oder dir keinen Spaß macht. Es geht einzig darum, aus den scheinbar vorgegebenen Mustern und Kategorien auszubrechen und sich mit Dingen zu befassen, von denen du zuvor vielleicht überhaupt nicht geglaubt hättest, dass sie für dich geeignet sind. Oftmals ist man so festgefahren in seiner eigenen Profession oder dem, was man tut, dass man nicht mehr offen für Neues ist. Durch das Lernen oder Sich-Beschäftigen bekommst du zudem neue Impulse, die dir vielleicht bei deiner eigentlichen Tätigkeit helfen. Außerdem hast du nichts zu verlieren. Solltest du merken, dass Krav Maga, Programmieren, VWL oder Japanisch doch nichts für dich ist, kannst du einfach wieder aufhören und nach etwas anderem Ausschau halten. In jedem Fall wirst du eine Erfahrung gemacht haben.

Es ist schwierig, das Universum zu verstehen,
wenn man nur einen Planeten studiert.

Miyamoto Musashi

Nachdem die Amerikaner Japan im Jahre 1868 gezwungen hatten, das Land für den internationalen Handel zu öffnen, musste der Shōgun nach einer Herrschaft von über 250 Jahren die Macht wieder an den Kaiser abgeben. Dieser ordnete das japanische Reich nach dem Vorbild der Westmächte neu. Die Zeit der Samurai war damit zu Ende, doch der Geist der Samurai lebt bis heute fort.

Musashi Miyamoto

Musashi Miyamoto 武蔵 宮本 (1584–1645) war ein japanischer Samurai, Krieger und Philosoph. Er ist einer der bekanntesten Schwertkämpfer der japanischen Geschichte und wird oft als der größte Krieger aller Zeiten bezeichnet. Musashi ist besonders bekannt für sein Buch *Das Buch der fünf Ringe,* in dem er seine Philosophie des Kampfes und der Kunst beschreibt. Er wird auch für seine legendäre Duellgeschichte verehrt, bei der er angeblich mehr als 60 Kämpfe ohne Niederlage gewonnen haben soll.

Der Ehrenkodex – Bushidō

Im Laufe der Zeit begannen die Samurai, ihre Ideale und Wertvorstellungen sowie ihre kriegerischen Gepflogenheiten in einem Ehrenkodex zusammenzufassen, der auf Ehre, Loyalität, Ehrlichkeit, Integrität, Höflichkeit, Selbstlosigkeit, Respekt, Mitgefühl, Konzentration und anderen ethischen Werten beruhte. Dieser Ehrenkodex heißt Bushidō 武士道, »Weg des Kriegers« oder »Weg des Kriegergeistes«. Von einem jeden Samurai wurde erwartet, nach diesem Kodex zu leben und vor allem auch nach diesem zu sterben.

Zunächst zeichnete Bushidō aus, dass dessen Werte schwerer wogen als die Furcht vor dem Tode. So schrieb der Samurai Yamamoto Tsunetomo 山本 常朝 in einer Sammlung von Ratschlägen und Geschichten, dem *Hagakure* 葉隠, dass Bushidō, der Weg des Kriegers, im Sterben liege.

Ich habe herausgefunden, Bushidō, der Weg des Kriegers, liegt im Sterben. Wird man mit zwei Alternativen konfrontiert, Leben und Tod, so soll man ohne Zögern den Tod wählen. Das ist nicht schwer; man muss nur fest entschlossen dieses Ziel verfolgen. […] Wenn jemand sich jeden Morgen und jeden Abend auf den Tod vorbereitet und ihn jeden Augenblick erwartet, wird Bushidō zu seinem eigenen Weg.

Im Westen wurde der Begriff Bushidō vor allem aufgrund des im Jahre 1899 erschienenen Werks *Bushidō – The Soul of Japan* von Nitobe Inazō[1] 新渡戸 稲造 bekannt. Es handelt

1 Inazō Nitobe (1862–1933) war ein japanischer Gelehrter, der für seine

Hagakure

Das Buch *Hagakure* (葉隠, wörtlich: Hinter den Blättern) wurde in Japan während der Edo-Periode von dem Samurai Tsunetomo Yamamoto verfasst. Es enthält zahlreiche Anekdoten, die das Denken und Handeln der regionalen Fürsten und der Samurai im frühen 18. Jahrhundert illustrieren, sowie moralische Anleitungen, Episoden und Aufzeichnungen, die das tägliche Leben des Samurai betreffen und insbesondere das Verhältnis von Fürst und Gefolgsmann behandeln. Während andere Texte über den Weg des Kriegers ihren Fokus auf die ritterlichen Ideale eines Samurai legten, verkündete das *Hagakure*, dass der Weg des Kriegers nur im Tod gefunden werden könne.

sich um eines der ersten Bücher zu diesem Thema, das auch in englischer Sprache erschienen ist – später wurde es auch auf Deutsch übersetzt –, und eröffnete somit einem westlichen Publikum Zugang zum Geist der Samurai. Nitobes Werk legt den Fokus auf die idealistischen ritterlichen Wertevorstellungen der Samurai und weniger auf die Todesverachtung des *Hagakure*. Nitobe zufolge ist Bushidō ein ungeschriebener Kodex:

Arbeit als Diplomat, Erzieher und Schriftsteller bekannt war. Er studierte in Japan und den USA und wurde später der erste asiatische Sekretär des Völkerbundes in Genf. Nitobe betonte die Bedeutung moralischer Werte und ethischer Standards bei der Erziehung und Ausbildung junger Menschen.

Bushidō ist somit der Kodex moralischer Prinzipien, die von einem Ritter gefordert wurden, oder die er lernte zu beachten. Es ist kein geschriebener Kodex, vielmehr besteht er höchstens aus ein paar Maximen, die mündlich tradiert wurden oder aus der Feder eines bekannten Kriegers oder Gelehrten stammten. Nicht selten ist er ein unausgesprochener, ungeschriebener Kodex, der umso mehr die wirkungsvolle Billigung der veritablen Tat besaß und eines Gesetzes, das in Fleisch und Blut übergegangen war. Bushidō ist nicht einem einzigen Gehirn entsprungen, wie fähig es auch gewesen sein mag, und er baut auch nicht auf dem Leben einer einzelnen Person auf, ganz gleich, wie berühmt sie war. Er ist über Jahrzehnte und Jahrhunderte der Militärgeschichte organisch gewachsen.

Nitobe kristallisierte auch die legendären **sieben Tugenden** der Samurai heraus, die da sind:

- Gi 義: Rechtschaffenheit und Gerechtigkeit
- Yu 勇: Mut und Tapferkeit
- Jin 仁: Menschlichkeit und Mitgefühl
- Rei 礼: Höflichkeit und Respekt
- Makoto 誠 oder Shin 真: Authentizität und Ehrlichkeit
- Meiyo 名誉: Ehrbewusstsein
- Chūgi 忠義, auch Chū 忠: Treue und Loyalität

Der Weg des Kriegers entstammte zwar den Kriegszeiten und den Erfahrungen auf dem Schlachtfeld, entwickelte sich aber gerade in der durch das Tokugawa-Shōgunat geschaffenen Friedenszeit von einem Kriegskodex immer mehr zu einem universellen Ehrenkodex weiter. Fortan stand nicht mehr allein der kriegerische Aspekt im Vordergrund, der sich gegen den Gegner auf dem Schlachtfeld richtete, sondern vielmehr der Kampf gegen sich selbst.

Betrachtet man die Schriftzeichen näher, aus denen sich das Wort Bushidō zusammensetzt, so scheint diese Auslegung dem Weg des Kriegers schon immer innegewohnt zu haben. *Bushi* 武士 bedeutet Krieger und *Dō* 道 Weg. Zusammengesetzt ergibt sich also »der Weg des Kriegers«. Das im Wort Bushi enthaltene Wort *Bu* 武 lässt sich als »Kampf« übersetzen. Sieht man genau hin, dann bemerkt man, dass sich dieses Schriftzeichen wiederum aus zwei kleineren Zeichen zusammensetzt. Dem Zeichen 止 für »anhalten« und dem Zeichen 戈 für »Lanze« oder »Speer«. Eine gängige Interpretation geht daher davon aus, dass das Wort Bu (Kampf) bereits eine pazifistische Grundeinstellung in sich trägt, nämlich die Forderung, die Speere oder Lanzen des Gegners sowie die eigenen aufzuhalten. Hiernach besteht der Zweck der Kampfkunst darin, den Kampf zu beenden, und nicht darin, ihn zu führen. Zwar gibt es eine gegenteilige, martialistische Deutung dieses Schriftzeichens, der zufolge das Aufhalten des Speeres im (toten) Körper des Gegners gemeint sein soll. Doch über die Jahrhunderte wurde dem Bushidō zunehmend eine friedfertige Bedeutung zugemessen, vor allem auch von Morihei Ueshiba 盛平 植芝:

> *Der Weg des Kriegers ist als eine Methode missverstanden worden, andere Menschen zu zerstören und zu töten. Doch diejenigen, die den Streit suchen, begehen einen schweren Fehler. […] Der wahre Weg eines Kriegers*

besteht darin, jedes Morden zu verhindern – er ist die Kunst des Friedens, die Kraft der Liebe.

Der im 20. Jahrhundert lebende Kampfkünstler und Begründer der Kampfkunst Aikidō, Morihei Ueshiba, dessen Familie in der direkten Tradition der Samurai stand, interpretierte Bushidō sogar als einen Weg des Friedens und der Liebe. Anders als die Autoren der Klassiker wie beispielsweise Sunzi (*Die Kunst des Krieges*) oder Miyamoto Musashi (*Das Buch der fünf Ringe*), die die Unvermeidlichkeit des Krieges akzeptierten und listenreiche Strategien als Mittel zum Sieg propagierten, erkannte Ueshiba, dass andauerndes Kämpfen die Erde in Unglück stürzen wird.[1] Ihm zufolge ist der Weg des Kriegers missverstanden worden, andere Menschen zu zerstören und zu töten. Diejenigen, die Streit suchen, begingen einen schweren Fehler, denn zu zerschmettern, zu verletzen oder zu töten sei die größte Sünde, die ein Mensch begehen könne. Der wahre Weg des Kriegers bestehe darin, jedes Morden zu verhindern, und sei daher die Kunst des Friedens, die Kraft der Liebe.

Ueshibas Weg des Kriegers ist somit eine Lebensweise, die der Förderung der Furchtlosigkeit, der Weisheit, der Liebe und der Freundschaft dient. Er war der Ansicht, dass sich die Prinzipien dieses Wegs der Versöhnung, Harmonie, Kooperation und Einfühlung auf alle Herausforderungen anwenden lassen, mit denen wir uns im Leben konfrontiert sehen – auf persönliche Beziehungen, auf unsere Interaktion mit der Gesellschaft, auf Arbeit und Geschäftsleben sowie auf unseren Umgang mit der Natur.[2] Nach Ueshiba vermag jeder von uns ein Krieger für den Frieden zu sein.

1 Ueshiba, 2017, S. 10.

2 Ueshiba, 2017, S. 11.

Morihei Ueshiba

Morihei Ueshiba (1883–1969) gilt als einer der bedeutendsten Kampfkünstler Japans und als Begründer der Kampfkunst Aikidō. Ueshiba begann schon früh mit dem Studium der Kampfkünste, darunter Jujutsu, Kendō und Kenjutsu, die auf die Kriegskünste der Samurai zurückgehen. Daneben widmete er sich zeitlebens religiösen und philosophischen Studien und erforschte den tieferen Sinn der Kampfkünste. Diese Auseinandersetzung mündete darin, dass Ueshiba eine neue Kampfkunst entwickelte, die als Aikidō bekannt wurde und weltweit Verbreitung fand. Obgleich Ueshiba einer der bedeutendsten Kampfkünstler des 20. Jahrhunderts war, war er ein Mann des Friedens und verneinte Gewalt als Mittel. Aus diesem Grund weist Aikidō einen rein defensiven Charakter auf.

Dieses Buch knüpft an die Tradition des Bushidō an und zeigt dir, wie du ein friedvoller Krieger werden und dich in den Idealen der Samurai üben kannst. Ganz im Sinne Ueshibas ist es hierfür wichtig, den Feind oder den Fehler nicht nur bei anderen zu suchen, sondern tief in dich selbst hineinzuspüren und zu schauen, wo du dich selbst verändern und verbessern kannst. Erst wenn du weißt, wer du bist und für was du stehst, kannst du nachhaltige Erfolge in deinem Leben erzielen, andere Menschen beschützen und die Welt zu einem besseren Ort machen.

Reflexionsfragen

- Welche drei Werte sind dir in deinem Leben besonders wichtig und weshalb?
- Gib für jeden dieser drei Werte ein Beispiel, wann du ihn das letzte Mal wirklich gelebt hast.
- Gib für jeden dieser drei Werte ein Beispiel, wann du nicht nach diesem Wert gehandelt hast oder vielleicht sogar gegenteilig.
- Mit welcher der sieben Tugenden der Samurai (Rechtschaffenheit, Mut, Mitgefühl, Höflichkeit, Authentizität, Ehrbewusstsein, Treue) kannst du dich am meisten identifizieren?
- Beschreibe, weshalb dir diese Tugend wichtig ist, und gib ein Beispiel dafür, wie du sie bereits in deinem Alltag umgesetzt hast.

Herausforderung

Überlege dir, wie du die sieben Tugenden konkret in dein Alltagsleben integrieren könntest, und schreibe dir zu jeder Tugend auf, wie du sie umsetzen möchtest.

- Rechtschaffend und gerecht ist derjenige, der sich nicht korrumpieren lässt und seine Werte und Prinzipien auch dann hochhält, wenn ihm Gegenwind ins Gesicht bläst. Deine Rechtschaffenheit könntest du zum Beispiel in einer Situation unter Beweis stellen, bei der du der Auffassung bist, dass jemand ungerecht behandelt wird. Vor allem, wenn sich eine Gruppendynamik entwickelt hat oder der andere dir »gesellschaftlich« vermeintlich übergeordnet ist (wie etwa dein Chef), erfordert es Mut, herauszutreten und auszusprechen, dass du dies nicht als gerecht empfindest und du mit der Art und Weise, wie derjenige behandelt oder über ihn geredet wird, nicht einverstanden bist.

- Zur Tugend Mut könntest du dir vornehmen, etwas zu tun, wovor du Angst hast. Denn zum Mut gehört, seine Angst bewusst zu überwinden. Etwas Mutiges zu tun ist auch nicht damit gleichzusetzen, etwas Dummes oder Unüberlegtes zu tun. Deine Herausforderung könnte beispielsweise sein, eine Zimmerspinne zu retten und aus dem Fenster zu werfen, anstatt sie schnell zu zertreten, weil du dich vor ihr fürchtest. Die Herausforderung muss auch nicht unbedingt physischer Natur sein. Liegt beispielsweise schon seit Längerem eine zwischenmenschliche Beziehung im Argen, könntest du den Mut aufbringen, an die Person heranzutreten, um die Sache zu bereinigen.
- Mitgefühl mit anderen Lebewesen kannst du beispielsweise zeigen, indem du diese respektvoll behandelst und ihnen in misslichen Lagen hilfst. Du könntest beispielsweise monatlich etwas für einen guten Zweck deiner Wahl spenden oder einen Obdachlosen fragen, wie es ihm geht und ob du etwas für ihn tun kannst.
- Um die Tugend der Höflichkeit zu trainieren, könntest du einen Tag lang ganz bewusst auf deinen Umgang mit deinen Mitmenschen achten. Begrüßt du den Bäcker am Morgen und bedankst dich für die erhaltene Ware, oder bestellst du ohne weitere Anrede einfach nur dein Brötchen und einen Kaffee und verschwindest dann nach Erhalt wortlos wieder? Begrüße doch einmal den Busfahrer, oder schenke den Menschen ein Lächeln, die du normalerweise nur als Randfigur wahrnimmst.
- Zur Tugend der Authentizität oder Ehrlichkeit könntest du dir vornehmen, einen Tag nichts als die Wahrheit zu

sagen, also auch keine Notlügen oder sonstigen Beschönigungen der Wirklichkeit zu gebrauchen. Oder du versuchst, für einen gewissen Zeitraum so authentisch wie möglich, also so gut wie möglich, du zu sein (falls du das nicht ohnehin bist). Beobachte, wie die Menschen in deinem Umfeld hierauf reagieren.

- Ehrbewusstsein ist eine Eigenschaft, die oftmals falsch verstanden und missbraucht wird. Entsprechend könnte man ein ganzes Buch nur über diese Tugend schreiben. Oftmals wird eine vermeintliche Ehrverletzung als Rechtfertigung für eine eigene, nicht gerechtfertigte Handlung herangezogen. Dies gilt es in jedem Fall zu vermeiden. Beschimpft dich beispielsweise jemand und fühlst du dich in deiner Ehre verletzt, solltest du dich zunächst fragen, ob du dieser Person so viel Bedeutung beimisst, dass sie in der Lage ist, dich überhaupt zu verletzen. Ein Beispiel für ein ehrenhaftes Verhalten könnte beispielsweise sein, dein Gegenüber in konkreten Alltagssituationen nicht zu hintergehen. Das kann so etwas Simples sein, wie den Verkäufer darauf aufmerksam zu machen, dass er dir zehn Euro zu viel rausgegeben hat.
- Treue und Loyalität zu einer Person beweist du am besten in schwierigen Zeiten. Denn es ist einfach, treu zu sein, wenn alles super läuft. Wenn die Zeiten aber einmal nicht so gut sind und sich alle anderen von der Person abwenden, kannst du zeigen, dass auf dich Verlass ist. Wie immer im Leben solltest du aber auch hierbei stets Herz und Kopf benutzen und dich fragen, ob die Person oder aber das Prinzip oder die Idee, zu der du loyal und treu stehen willst, dies auch wert ist.

3

Die volle Teeschale – Anfängergeist

Die Samurai kannten verschiedene Geisteszustände, die dir an der einen oder anderen Stelle in diesem Buch begegnen werden. Der für deinen Weg wichtigste Geisteszustand ist der sogenannte Anfängergeist, *Shoshin* 初心. Der Anfängergeist zeichnet sich durch die Unvoreingenommenheit und die Begeisterung des ersten Mals aus, weshalb er auch »Geist des Kindes« genannt wird.

Wenn du einem Kind ein neues Spielzeug gibst, wird es davon bezaubert und gefesselt sein und es in Neugier erforschen wollen. Als Erwachsene sind wir hingegen oftmals abgestumpft. Wir sind der Auffassung, wir hätten bereits alles gesehen, gehört und wüssten schon alles. Diese negative Einstellung widerspricht dem Leben selbst, da dieses Tag für Tag Neues und Wunderbares für uns bereithält.

Da du beschlossen hast, ein Urban Samurai zu werden und fortan deinen ganz eigenen Pfad zu gehen, solltest du dir überlegen, ob du zu Beginn deiner Reise nicht ein wenig Ballast abwerfen willst. Wenn du ein glückliches und erfülltes Leben führen willst, das ständig neue schöne Momente für dich bereithält, solltest du versuchen, die unvoreingenommene und euphorische Einstellung eines Kindes beizubehalten. Hierfür reicht es schon, wenn du bestimmte Routinen, Gewohnheiten und Dinge, die du tust, einmal bewusst hinterfragst. Kannst du dich daran erinnern, wann du das letzte Mal etwas vollkommen Neues erlebt oder getan hast? Wann hattest du das letzte Mal das magische und einzigartige Gefühl des ersten Mals?

Der einzige Weg, ein wirklicher Meister zu werden, ist, immer ein Schüler zu bleiben.

Zen-Weisheit

Wenn du dich nicht erinnern kannst, dann solltest du nun damit beginnen, den Anfängergeist in dir zu kultivieren. Das ist der erste Schritt auf dem Weg. Hinterfrage zunächst einmal aktiv deine Glaubensgrundsätze, Einstellungen, Prinzipien und Meinungen. Manchmal verharren wir verbohrt auf einer Meinung oder Auffassung, ohne vielleicht zu merken, dass sich etwas verändert hat und vielleicht eine Neubewertung angebracht wäre. Vielleicht bist du der festen Überzeugung, dass du keine Rosinen magst, da diese dir schon von klein auf nicht geschmeckt haben. Wenn du aber das letzte Mal vor zwanzig Jahren eine Rosine gegessen hast, dann kann es durchaus sein, dass sich dein Geschmack verändert hat und du das süßliche Aroma von Rosinen mittlerweile magst. Du wirst es aber niemals herausfinden, wenn du nicht wenigstens einmal eine Rosine kostest. Dieses simple Beispiel lässt sich auf vielerlei andere Dinge übertragen, die wir wie selbstverständlich mit uns rumtragen, ohne zu merken, dass wir mittlerweile vielleicht ganz anders denken oder andere Vorstellungen haben. Behalte, was dir sinnvoll erscheint und wovon du überzeugt bist, und trenne dich von den Dingen, hinter denen du eigentlich gar nicht stehst und die nicht dein Inneres widerspiegeln. Behalte einen offenen Geist und lade Veränderungen und neue Möglichkeiten in dein Leben ein. Shoshin ist das Verlangen, unabhängig von den eigenen Erfahrungen Neues zu erlernen und dir selbst zu gestatten, Dinge neu zu bewerten.

Es gibt eine schöne Geschichte, die die Bedeutung des Anfängergeistes gut darstellt. Ein japanischer Zen-Meister empfing einen Universitätsprofessor, der etwas über den

Zen-Buddhismus erfahren wollte. Der Professor hatte sich bereits im Rahmen seiner Studien ausgiebig mit dem Thema auseinandergesetzt und begann dem Mönch seine Erfahrung zu Zen darzulegen. Da fragte der Mönch den Professor, ob dieser einen Tee wolle. »Sehr gerne«, erwiderte der Professor. Der alte Mönch schenkte Tee ein, während der Professor unbeirrt weiter über Zen redete. Die Tasse war voll, aber der Mönch schenkte weiter ein, bis der Tee überfloss und über den Tisch auf den Boden tropfte. »Genug«, rief der Professor. »Sehen Sie nicht, dass die Tasse schon voll ist? Es geht nichts mehr hinein.« Der Mönch antwortete: »Genau wie diese Tasse sind auch Sie voll von Ihrem Wissen, Ihren Vorurteilen, eigenen Meinungen und Spekulationen. Um Neues zu lernen, müssen Sie erst Ihre Tasse leeren.«

Das Gegenteil des Anfängergeistes ist also der Expertengeist. Der Expertengeist ersetzt bewusste Wahrnehmung mit Wissen und leitet daraus Vorhersagen ab. Dies ist keineswegs schlecht und oftmals sinnvoll und wichtig. Denn häufig sind genau unsere Kenntnis und unser Wissen gefragt, um ein Problem zu lösen oder Ableitungen für die Zukunft zu treffen. Zudem fühlen wir uns sicherer, wenn wir uns auf unser Wissen berufen. Allerdings kann dies dazu führen, dass wir nur noch in Konzepten, Gewohnheiten und bekannten Mustern agieren und unserem Wissen eine zu große Bedeutung beimessen. Wer alles zu wissen glaubt, ist nicht offen für den Moment, ist in Gedanken schon beim nächsten Punkt und lässt sich schnell ablenken. Diese Lektion vermittelte der Zen-Meister dem Universitätsprofessor, der glaubte, bereits alles über Zen zu wissen, und lediglich seine eigene Auffassung bestätigt haben wollte.

Der Anfängergeist hingegen ist unvoreingenommen. Der Anfängergeist kennt viele Möglichkeiten, der Geist des Experten nur wenige. Der Anfängergeist ist frei von vorgefertigten Konzepten und nimmt die Welt unvoreingenommen wahr. Die Welt mit dem Anfängergeist wahrzunehmen ist nicht immer einfach, da das Gehirn darauf programmiert ist, nach vergleichbaren Erfahrungen zu suchen, und das Erlebte einordnen möchte. Zudem suchen wir oftmals unbewusst oder bewusst (wie der Universitätsprofessor) nach Bestätigung unserer eigenen Glaubensgrundsätze und Vorstellungen.

Manchmal ist der Anfängergeist dem Expertengeist bei der Lösung von Problemen sogar überlegen oder ergänzt diesen zumindest. Kannst du beispielsweise ein Problem mit deinem Wissen und der üblichen Vorgehensweise nicht lösen, versuche, es unvoreingenommen zu betrachten. Je weniger du voreingenommen bist, desto mehr öffnest du die Tür für Lösungen, die dir zuvor noch nicht in den Sinn gekommen sind oder die du bislang vielleicht als zu abwegig und unkonventionell eingestuft hast. Hinterfrage aktiv eigene oder vorgegebene Strukturen und Gewissheiten. Wenn es heißt, das habe man schon immer so gemacht, solltest du nach dem Warum fragen. Möglicherweise stellt sich dann heraus, dass dieses »Immer so« tatsächlich sinnvoll ist, vielleicht aber auch, dass es mittlerweile überhaupt keinen Sinn mehr hat. Die Geisteshaltung des Shoshin bedeutet nicht, dass von nun an jedem Moment ein Zauber innewohnt und du nur noch staunend wie ein Kind im Bonbonladen durch die Welt gehst. Den Anfängergeist zu leben heißt auch, sich unangenehmen Situationen und Erfahrungen zu stellen und diese bewusst und unverkrampft wahrzunehmen. Hierdurch erhältst du die Möglichkeit, anders zu reagieren als üblicherweise und die Situation dadurch zu lösen. Der Anfängergeist bringt frischen Wind in dein Leben und kann dir helfen, sowohl privat als auch beruflich neue Perspektiven und Möglichkeiten zu sehen.

Eine gute praktische Übung zur Kultivierung des Anfängergeistes ist die auf Jon Kabat-Zinn zurückgehende Rosinenübung[1]. Alles, was du dafür brauchst, sind einige wenige Rosinen in einer Schale. Nimm dir für diese Aufgabe fünf bis zehn Minuten, in denen du nicht gestört wirst. Ziel der Übung ist, die einzelne Rosine mit Shoshin, dem Anfängergeist zu betrachten. Du stellst dir also vor, dass du noch nie in deinem Leben eine Rosine gesehen oder gegessen hast und auch sonst keinerlei Informationen oder Kenntnis darüber hast, was Rosinen sind, wie sie wachsen, wie sie hergestellt werden oder schmecken. Für dich ist die Rosine ein völlig unbekannter Gegenstand, den es wie ein Wissenschaftler zu erforschen gilt.

Rosinenübung:

- Mache es dir bequem.
- Nimm eine einzelne Rosine aus der Schale.
- Lege die Rosine auf deine offene Handfläche, und begutachte sie so genau wie möglich. Was siehst du? Was für eine Farbe hat die Rosine? Wie groß ist sie im Vergleich zu deiner Handfläche? Wie sieht die Oberfläche aus? Reflektiert sie das Licht? Wie leicht oder schwer ist sie?
- Nimm die Rosine nun zwischen deine Finger und erfühle und ertaste sie. Was fühlst du? Was für eine Konsistenz hat die Rosine? Ist sie hart? Ist sie weich? Ist sie belastbar?
- Bringe die Rosine zu deinen Ohren. Kannst du etwas hören, wenn du sie leicht drückst? Hörst du etwas, wenn du sie zwischen deinen Fingern reibst?
- Führe die Rosine jetzt zu deiner Nase. Was riechst du?

1 Kabat-Zinn, 2019, S. 62 ff.

Kannst du etwas riechen? Hat die Rosine ein Aroma? Ändert sich dieses, wenn du die Rosine zwischen deinen Fingern drückst?

- Nimm die Rosine nun langsam über deine Lippen in den Mund, aber ohne sie gleich zu kauen oder herunterzuschlucken. Wie fühlt sich die Rosine in deinem Mundraum an? Kannst du bereits etwas schmecken? Zerkaue die Rosine langsam und analysiere, wie diese sich zerteilt und wie sich der Geschmack entfaltet. Was fühlst du? Was schmeckst du?
- Halte einen Moment inne, nachdem du die Rosine heruntergeschluckt hast. Im Anschluss nimmst du eine weitere Rosine aus der Schale und isst diese ohne großes Nachdenken auf.
- Nimm dir einen Moment Zeit und überlege dir, welche Erfahrungen du während dieser Übung gemacht hast. Hat dich etwas überrascht? Hat dir die Rosine geschmeckt? Was war der Unterschied zwischen dem Verzehr der ersten und der zweiten Rosine? Gerne kannst du deine Gedanken hierzu aufschreiben.

Eine Rosine ist für uns ein gewöhnliches Lebensmittel, dem wir im Normalfall keine große Aufmerksamkeit schenken. Rosinen sind oftmals im Studentenfutter als Beigabe zu den Nüssen oder aber in Kuchen enthalten. Die einen mögen Rosinen, die anderen hingegen nicht und puhlen sie aus dem Christstollen heraus. Umso unglaublicher ist es eigentlich, wenn wir uns klarmachen, was für ein kleines Wunder eine Rosine darstellt. Rosinen werden aus Trauben gemacht. Um Trauben zu bekommen, braucht es ein optimales Klima und örtliche Begebenheiten wie etwa einen Weinberg mit nährstoffreichem Boden, damit die Trauben wachsen können. Darüber hinaus benötigt der Traubenstock ausreichend Regen oder Wasser und die richtige Menge an Sonne. Zudem muss der Traubenstock geschnitten und gepflegt werden, damit er nicht eingeht. Der Weinbauer hat also einiges zu tun und investiert viel Zeit und Energie in das Wachstum der Traube. Sodann muss die Traube getrocknet werden. Auch dies bedarf einer speziellen Behandlung und Ausführung. Trocknet man die Trauben zu lange, sind keine Nährstoffe mehr enthalten und die Trauben oder Rosinen sind nicht mehr genießbar. Gleiches gilt, wenn sie zu kurz getrocknet werden.

Trauben werden oftmals in südlichen Ländern angebaut, in denen günstige klimatische Voraussetzungen vorhanden sind. Von dort aus werden die getrockneten Trauben beziehungsweise Rosinen in alle möglichen Länder zum Verkauf verschickt. Oftmals werden die Rosinen zunächst in ein Transitland transportiert, etwa von einem Lastwagenfahrer, Zugführer oder Pilot. Am Zwischenzielort angekommen, werden sie von wieder anderen Menschen ausgeladen, verpackt und in alle möglichen Länder weiterbefördert, von wo aus sie an die unterschiedlichen Supermarktketten ausgeliefert werden. Dort angekommen, nehmen die Mitarbeiter die Packungen mit den Rosinen in die Hand und räumen sie in das entsprechende Regal ein. Am Ende dieser Kette stehen wir als Käufer und Verbraucher. Bis die Rosinen also auf unserem Teller liegen, haben sie bereits eine lange Reise hinter sich und viele Prozesse durchlaufen, in die zahlreiche Menschen ihre Energie und Lebenszeit investiert haben.

Du wirst sicherlich gemerkt haben, dass es ein großer Unterschied ist, ob du die Rosine ganz bewusst langsam und unvoreingenommen isst oder ob du sie einfach ohne groß zu überlegen verzehrst. Hättest du gedacht, dass sich hinter einer kleinen Rosine eine so große Welt und Geschichte verbergen kann? Wie hat es sich für dich angefühlt, die Rosine zu begutachten und zu essen, ohne dies zu bewerten? Hat sich etwas an deiner Einstellung zu Rosinen geändert? Magst du jetzt vielleicht den Geschmack, obwohl du dachtest, keine Rosinen zu mögen? Oder verhält es sich genau andersherum? Ist dir aufgefallen, dass deine Alltagssorgen während der Begutachtung der Rosine keine Rolle gespielt haben und dein Fokus allein auf diesem kleinen Objekt lag?

Unabhängig davon wirst du gemerkt haben, dass sich durch die Anwendung des Anfängergeistes ganz neue Ebenen der Wahrnehmung auftun können. Wenn bereits eine kleine getrocknete Traube so ein Potenzial entfalten kann, was für Möglichkeiten eröffnen sich dann erst, wenn du den Anfängergeist auf andere Lebenssituationen, Menschen, Tiere, die Umwelt oder Beziehungen anwendest? Was es auch sei, der Anfängergeist hilft dir, aus alten Strukturen auszubrechen und die Welt wieder mit neuen Augen zu sehen und zu erfahren.

Im Alltag bieten sich dir vielfältige Möglichkeiten, deinen Anfängergeist zu trainieren. Baue kleine Abenteuer ein und mache doch nächstes Mal auf dem Nachhauseweg von der Arbeit einen Umweg oder nimm eine Route, die dir fremd ist. Anstatt mit dem Auto könntest du mit dem Fahrrad, dem Roller oder den öffentlichen Verkehrsmitteln fahren und beobachten, wie sich das anfühlt und was du Neues entdeckst. Besuche ein Café, in dem du noch nie warst, und trinke ein Getränk, das du noch nie getrunken hast und normalerweise niemals trinken würdest. Du könntest dich auch einfach einmal in die U-Bahn setzen, zur Endhaltestelle fahren und diesen Stadtteil erkunden. Oder du verabredest dich einmal mit einer Person, die nur wenig mit dir gemeinsam zu haben scheint, aber dennoch interessant auf dich wirkt.

Du kannst diese Übung auch auf Personen aus deinem Umfeld übertragen. Wir alle neigen dazu, andere Menschen oder Menschengruppen in bestimmte Schubladen zu stecken. Anhand von Aussehen und Verhalten kategorisieren wir und stülpen diesen Personen bestimmte Eigenschaften, Verhaltensweisen und Ähnliches über. Probiere daher einmal, deine Arbeitskollegen ganz unvoreingenommen und ohne jegliche Wertung zu betrachten. Versuche, alles vermeintliche Wissen, das du über diese Person hast, zur Seite zu legen, und nimm diesen Menschen wahr, als würdest du ihn erst kennenlernen. Beobachte, ob sich etwas verändert, wenn du deine Vorurteile beiseitelässt. Nimm die Worte deines Gesprächspartners so auf, als hörtest du sie zum ersten Mal, und versuche nicht, sie in ein Muster zu packen oder zu bewerten. Hierdurch kannst du Personen, aber auch Aussagen anderer Menschen völlig neu erfahren und eine Beziehung nochmals ganz anders als bislang gewohnt erleben.

Dies alles sind Beispiele dafür, wie du den Anfängergeist aktiv trainieren kannst. Wichtig ist, dass du den Anfängergeist in dein alltägliches Leben integrierst und versuchst, ab und an Situationen, die du normalerweise mit dem Expertengeist angehen würdest, bewusst offen und unvoreingenommen zu bewältigen. Du wirst erstaunt sein, welche neuen Wege du dadurch entdecken wirst. Indem du stets offen, wissbegierig und neugierig bleibst, werden sich dir Möglichkeiten zeigen, von denen du zuvor überhaupt nicht wusstest, dass sie existieren.

Reflexionsfragen

- Wann hast du zum letzten Mal etwas völlig Neues gemacht oder erlebt? Was war das?
- Wann hast du zum letzten Mal etwas dir völlig Unbekanntes gegessen oder getrunken?

- Wann warst du zum letzten Mal an einem Ort, an dem du zuvor noch nie warst?
- Was, denkst du, hält dich davon ab, Neues zu erleben?
- Überlege dir drei bekannte Alltagssituationen, die du das nächste Mal mit dem Anfängergeist bestreiten wirst.

Herausforderung

- Wähle einen beliebigen dir bekannten Gegenstand aus. Beschreibe diesen Gegenstand zunächst und führe dann aus, für was man den Gegenstand abseits seiner gedachten Funktion verwenden kann. Es geht also darum, kreativ zu werden und sich zu überlegen, was für einen Nutzen der Gegenstand neben seinem eigentlichen Zweck haben könnte. Versuche, den Gegenstand mit dem Anfängergeist zu betrachten, und greife auf nichts zurück, was du über diesen Gegenstand weißt oder zu wissen glaubst. Plane für deine Beschreibung 90 Sekunden ein, in denen du einem Freund oder Familienmitglied den Gegenstand umschreibst. Alternativ kannst du deine Ausführungen auch niederschreiben, solltest du gerade allein sein.

4

Ki – Die geheimnisvolle Energie

Dieses Kapitel wird sich mit der geheimnisvollen Energie namens Ki beschäftigen. Denn um ein Urban Samurai zu sein, sind nicht nur ein gesunder Körper und ein klarer Geist nötig, sondern auch eine starke Energie und Ausstrahlung. Beinahe alle Übungen in diesem Buch eignen sich dazu, die Ki-Energie aufzubauen und zu stärken.

Vielleicht ist dir der Begriff *Ki* 気 – so lautet die japanische Aussprache – oder *Qi*, wie die Chinesen sagen, im Rahmen einer Akupunktur oder eines Asienaufenthalts bereits begegnet. Sicher hast du ihn aber schon einmal gehört, ohne es richtig zu bemerken, denn er steckt beispielsweise in Aikidō 合気道, Reiki 霊気 oder Qigong 氣功. Da die Samurai aus Japan stammten, wird in diesem Buch die japanische Ausdrucksweise Ki verwendet.

Energieformen wie beispielsweise chemische Energie, Kernenergie, kinetische Lichtenergie, elektrische Energie, magnetische Energie, Gravitationsenergie sind uns gut bekannt. In Japan und China ist mit dem Ki oder Qi von einer weiteren Energieform die Rede, die westlichen Menschen eher geheimnisvoll vorkommt. Du weißt ja bereits, dass die alten Samurai danach strebten, mithilfe von verschiedenen Techniken und Übungen Körper und Geist in ein harmonisches Gleichgewicht zu bringen und Meisterschaft zu erreichen. Ihnen zufolge ist dieses Ziel nur zu erreichen, indem man neben den reinen geistigen und körperlichen Fähigkeiten auch die Ki-Energie kultiviert.

Ted Kaptchuk schreibt in *Das große Buch der chinesischen*

Medizin, dass Ki ein fundamentaler Begriff ist, gleichwohl aber kein englisches oder deutsches Wort seine Bedeutung wirklich auszudrücken vermag. Er führt aus, dass alles im Universum – sei es organisch oder anorganisch – aus Ki zusammengesetzt und durch sein Ki definiert ist. Trotzdem ist Ki weder ein unveränderlicher Urstoff noch einfach Lebensenergie, obwohl das Wort gelegentlich so übersetzt wird.[1] Das chinesische Denken unterscheidet nicht zwischen Materie und Energie; aber vielleicht können wir uns Ki als Materie an der Grenzlinie zur Energie oder als Energie am Punkt der Materialisierung vorstellen.[2] Eine solche Diskussion über die Bedeutung des Konzepts an sich ist den Chinesen allerdings absolut fremd. Weder klassische noch moderne chinesische Texte spekulieren über die Natur des Ki, noch versuchen sie, diese begreiflich zu machen. Ki wird vielmehr funktional verstanden: durch sein Wirken.[3]

Diese Funktionalität hat sich auch in der japanischen Sprache niedergeschlagen. So steht beispielsweise das Wort *Genki* 元気 für Gesundheit, Lebenskraft oder Vitalität. Fühlt man sich nicht gut, so sagt der Japaner hingegen »Ki ga warui«, was so viel heißt wie »Mein Ki ist schlecht«. Konträr zum Ausdruck für Gesundheit heißt *Byōki* 病気 übersetzt »Krankheit«, »Leiden« oder »Schwäche«. Fest steht, dass die Ki-Energie nach chinesischer und japanischer Auffassung einen großen Einfluss auf unser Wohlbefinden, unsere Gesundheit und Ausgeglichenheit hat.

Im westlichen Raum ist das Konzept der Ki-Energie vor allem durch die Traditionelle Chinesische Medizin (TCM) bekannt. In der chinesischen Medizin steht Qi (Ki) für die

1 Kaptchuk, 2010, S. 46 ff.

2 Kaptchuk, 2010, S. 46.

3 Kaptchuk, 2010, S. 47.

Lebensenergie, die den Menschen und alle Lebewesen durchströmt. Die Fülle und der freie Fluss von Ki bedeuten Leben. Mit dem Tod weicht das Ki aus dem Körper und der Körper erkaltet. Ein gesunder Mensch hat einen starken, harmonischen Ki-Haushalt, wohingegen das Ki bei einem kranken Menschen aus dem Gleichgewicht geraten, schwach oder blockiert ist. Bereits das Standardwerk der chinesischen Medizin, der *Klassiker des Gelben Kaisers* (ca. 3./2. Jahrhundert v. u. Z.), empfiehlt, den Körper und den Geist zu kultivieren, um den »wahren Atem« zu erlangen, der auf natürliche Weise den Körper erfüllt. Bereits damals wurde also versucht, Körper und Geist in Balance zu bringen.

Nach der chinesischen Medizin gibt es drei Hauptquellen für das Ki des Menschen: die angeborene Konstitution, die Luft und die Nahrung.

Die angeborene Konstitution des Menschen beruht auf dem Ki, das ein Kind von seinen Eltern erhält. Dieses wird vorgeburtliches Ki genannt. Für seine Stärke sind vor allem der gesundheitliche Zustand der Eltern bei der Zeugung und die Versorgung des Embryos im Mutterleib verantwortlich. Menschen mit einem schwachen vorgeburtlichen Ki können als Kind oft krank sein, an Müdigkeit, Konzentrationsschwäche oder auch unter Antriebslosigkeit leiden. Wer hingegen ein starkes vorgeburtliches Ki hat, wächst gut auf, ist aktiv, hat eine gute Immunabwehr und ist geistig wach. Das vorgeburtliche Ki bestimmt also in einem großen Maß unser Leben.

Während das vorgeburtliche Ki uns sozusagen zugeteilt wird, können wir nach unserer Geburt aktiv Ki aufnehmen, vor allem durch Essen und Atmen. Gesunde Ernährung, Sport in der Natur und Atemübungen helfen, das nachgeburtliche Ki zu stärken. Damit können Defizite, die das vorgeburtliche Ki aufweist, ausgeglichen werden. Natürlich ist dies auch umgekehrt möglich, und das nachgeburtliche Ki kann durch schlechte Ernährung und einen erschöpfenden Lebenswandel schnell verbraucht werden. Damit auch du deine Ki-Energie unabhängig von deinem vorgeburtlichen Ki stärken kannst, findest du in diesem Buch Tipps und Ratschläge zu den Themen Ernährung, Atmung und Fitness.

In der TCM geht man davon aus, dass die Ki-Energie ähnlich wie das Blut durch bestimmte Kanäle, die sogenannten Leitbahnen oder Meridiane fließt. Hiernach besitzt der Mensch zwölf Hauptmeridiane und acht Nebenmeridiane. Diese Energieleitbahnen sind miteinander verbunden und bilden einen großen energetischen Kreislauf.

Überdies gibt es im Körper Speicher oder Zentren, in denen die Ki-Energie gesammelt wird. Der bekannteste und wichtigste Speicher wird von den Chinesen *Dantian* und von den Japanern *Hara* 腹 oder *Tanden* genannt. Hara liegt im Unterbauch wenige Zentimeter unter dem Nabel, wenige Daumenbreiten nach innen und ist das wichtigste Energiezentrum des Menschen. Die asiatischen Kampfkünstler und Ärzte glauben, dass man in diesen Zentren Energie speichern und sie bei Bedarf auch wieder von hier aus in andere Teile des Körpers schicken kann. Neben dem Energiezentrum im Unterleib gibt es in der chinesischen Lehre noch zwei andere Energiezentren. Das »mittlere Dantian« befindet sich im Brustbereich, auf der gleichen Höhe wie der Akupunkturpunkt »Vorhof der Brust«. Das »obere Dantian« liegt im Kopf, auf der Höhe des Akupunkturpunktes »Siegelhalle« zwischen den Augenbrauen. Hier wird die geistige Energie *Shen* gebündelt. In der westlichen Esoterik wird dieses obere Dantian auch gerne als das dritte Auge bezeichnet.

In Japan kennt man zwar das mittlere und das obere Energiezentrum, stellt aber das Hara, also das untere Zentrum in den Fokus. Im Mittelpunkt des Hara befindet sich das »Meer der Energie« oder wie der japanische Kampfkünstler Kōichi Tōhei 光一 藤平 es formulierte »der eine Punkt«. Diese Stelle bildet die vitale Mitte des Körpers und ist Zentrum der Schwerkraft. Viele asiatische Kampfsportarten gehen davon aus, dass die Energie für den Kampf aus diesem Zentrum gezogen wird. Aus diesem Grunde stand Hara auch bei den Samurai im Zentrum einer jeden Übung, unabhängig davon, ob sie geistiger oder körperlicher Art war. Egal ob ein Samurai sich allein in der Schwertkunst oder zusätzlich etwa in der Kunst des Tees übte, die jeweilige Technik wurde stets mit Konzentration auf dieses Energiezentrum geübt. Im Sinne dieser Übungen bezeichnet Hara die Ausrichtung des Menschen auf seiner vertikalen Achse und betrifft seine Körperhaltung, Spannung und Atmung. Vereinfacht gesagt, geht es also darum, die drei Dantian in einer Linie zu halten. Die Entwicklung von Hara gilt als ein Zeugnis von menschlicher Reife, so auch bei den Samurai.

Wenn dir das alles zu theoretisch und esoterisch ist, wird es dir vielleicht trotzdem oder gerade deshalb ein Lächeln auf die Lippen zaubern, dass die Samurai glaubten, dass ein Mensch, der sein Ki kontrollieren kann, sich vor keinem Gegner mehr fürchten muss. Einige Kampfkünstler glaubten gar, dass sich die Ki-Energie als Schutzpanzer oder Waffe einsetzen lässt. Noch heute wird diese Idee vom unsichtbaren Energieschutzschild gerne in japanischen Anime-Filmen aufgegriffen. Die Figuren erzeugen hier eine Art undurchdringlichen Ki-Schutzschild, an dem sogar Pistolenkugeln abprallen. Darüber hinaus war man der Überzeugung, dass man die Ki-Energie nicht nur zum Heilen, sondern auch zum Nachteil des Gegners verwenden könne. Wie ein Arzt, der seine Ki-Energie auf den Patienten überträgt, um ihn zu heilen, sei es möglich, die eigene Ki-Energie in den

Körper des Gegners eindringen zu lassen, um diesen zu verletzen. Auch die Vorstellung eines solchen Ki-Angriffs hat durch Anime-Serien und Videospiele wie *Dragon Ball* oder *Street Fighter* in Techniken wie dem Kamehameha oder dem Hadōken popkulturellen Niederschlag gefunden. Sicherlich sind derlei übernatürliche Fähigkeiten dem Bereich der Märchen und Legenden zuzuordnen. Zwar gibt es im Internet zahlreiche »Meister«, die ihre Schüler angeblich allein mit ihren Ki-Kräften durch die Lüfte werfen. Allerdings muss stark bezweifelt werden, ob derlei »Techniken« auch bei fremden, »ungläubigen« Angreifern funktionieren würden.

Fest steht jedenfalls, dass das komplexe Konzept des Ki auf einer Weltanschauung beruht, die für die meisten westlichen Menschen fremd ist. Da Ki überdies schwierig zu fassen oder wissenschaftlich nachzuweisen ist, erscheint es vielen als etwas nicht Reales und wird oftmals der Esoterik zugeordnet. Etwas anders verhält es sich, wenn wir die chinesische Medizin betrachten, die auf diesem Energiekonzept aufbaut und hierzulande schon vielen Menschen spürbar geholfen hat. So ist die Akupunktur, ein Teil der chinesischen Medizin, mittlerweile auch im Westen weitgehend anerkannt und deren Wirkung sogar bewiesen[1]. Vielleicht ist die Ki-Energie realer, als viele glauben mögen. Ein Urban Samurai sollte sich daher das Wissen um diese Energie zunutze machen und versuchen, in die Erfahrung zu kommen. Denke an den Anfängergeist. Mit dem Urban-Samurai-Mindset und den in diesem Buch vermittelten Techniken des Shin-Gi-Tai hast du viele Werkzeuge an der Hand, mit denen du deine Ki-Energie aufbauen und stärken kannst.

1 https://www.aerzteblatt.de/archiv/40274/Akupunktur-Grossstudie-bestaetigt-Wirkung (abgerufen am 07.08.2023)

Reflexionsfragen

- Kannst du dir vorstellen, dass eine Energie wie die beschriebene Ki-Energie existiert, oder hältst du das für Esoterik? Begründe deine Antwort!
- Hast du schon einmal deine Ki-Energie gespürt? Falls ja, in welcher Situation und wie würdest du dieses Gefühl beschreiben?
- Glaubst du, dass du genug tust, um deine Ki-Energie zu stärken? Falls ja, was tust du zur Stärkung deines Ki? Falls nein, wo kannst du deiner Einschätzung nach nachbessern, um eine starke Ki-Energie zu generieren?

Herausforderung

- Suche dir einen ruhigen Ort in der Natur, beispielsweise im Garten, einem Park oder in einem Wald. Stelle dich aufrecht hin, und visualisiere dich als mächtigen Baum mit starken Wurzeln und einer kräftigen Krone. Fokussiere dich dabei auf deine Atmung und spüre, wie sich deine Energie mit der Energie der Erde verbindet. Atme ruhig und gleichmäßig in deinem eigenen Rhythmus. Stelle dir vor, wie du mit der Erde verbunden bist und die Energie der Erde durch deine Wurzeln aufnimmst. Stelle dir vor, wie du mit jedem Atemzug die Energie der Erde in dich aufnimmst und durch deinen Körper bis in deine Baumkrone fließen lässt.

5

Haben oder Sein – Wer bin ich, wenn ich alles verliere?

Die Samurai waren dafür bekannt, den eigenen Tod nicht zu fürchten und ihr Leben für ihre Lehnsherren oder die eigene Ehre zu opfern. Glücklicherweise sind diese Zeiten vorbei. Trotzdem kannst auch du den Umstand, dass die Samurai sich ihrer eigenen Sterblichkeit bewusst waren, dafür nutzen, um dein Leben und dein Schicksal in die eigene Hand zu nehmen. Hierfür musst du bereit sein, ehrlich gegenüber dir selbst zu sein und alle Masken fallen zu lassen. Dadurch wirst du lernen, zu erkennen, was dir im Leben wirklich wichtig ist und wie du die dir gegebene Lebenszeit am besten für dich nutzt. Außerdem wirst du erfahren, weshalb ein Urban Samurai bewusst Entscheidungen in seinem Leben treffen sollte und was Geldausgeben und Konsum mit dem Thema Lebenszeit zu tun haben.

Erinnere dich zunächst an das vorangegangene Kapitel. Dort hast du erfahren, dass in einem jeden von uns eine Energie namens Ki fließt. In der Lehre der Samurai ist Ki jedoch nicht nur eine Energie, die uns umgibt und in uns fließt. Vielmehr kann der Begriff auch rein philosophisch, losgelöst von seiner medizinischen und energetischen Bedeutung, verstanden werden. So betrachtet steht Ki dafür, wer du wirklich im Inneren bist – ohne Tarnung, Ausflucht und Maske.[1] Allerdings ist es gar nicht so einfach, hinter die eigene Maske zu schauen. Oftmals reden wir uns selbst ein,

1 Steiner, 2012, S. 126.

dass wir eine bestimmte Maske oder eine bestimmte Fassade sind. Hierbei verdrängen wir die unterbewusste Stimme aus dem Inneren, die uns daran erinnern will, dass wir eigentlich ganz anders ticken, als wir uns anderen, aber auch uns selbst gegenüber verkaufen.

Um zu erkennen, wer du wirklich bist, solltest du dir einmal die Frage nach dem Haben oder Sein stellen. Das Haben scheint unser Leben auszumachen. Wir müssen im Leben etwas haben und Dinge besitzen, damit wir uns an ihnen erfreuen können. Haben scheint etwas ganz Normales zu sein. Ist es in unserer Gesellschaft nicht oberstes Ziel, zu haben? Möglichst viel zu haben? Man könnte so weit gehen, dass wir das Haben zum Sinn unseres Lebens gemacht haben. Das westliche Streben nach Glück drückt sich meist dergestalt aus, dass wir dies oder jenes besitzen oder diese oder jene Ideale erfüllen müssen. Tagtäglich werden wir überflutet mit Produkten, die uns gesünder, erfolgreicher oder schöner machen sollen. Sogenannte Coaches verdienen ihr Geld damit, den Leuten einzureden, dass einzig die richtige Einstellung zu Erfolg, Reichtum und Glück führt. Hast du dir nicht auch schon gedacht, wenn ich dies oder jenes hätte, dann wäre ich glücklich? Wenn ich dieses Fitnessprogramm mache, dann werde ich gut aussehen. Wenn ich endlich das Haus mit Garten habe, dann werde ich erfüllt sein. Wenn ich diesen Titel oder jene berufliche Position habe, werden mich alle respektieren und ich werde glücklich sein. Damit wir mehr konsumieren, zwingt uns das System dazu, uns permanent zu vergleichen. Denn wer sich mit anderen vergleicht, der wird überall jemanden entdecken, der schöner, stärker, schlanker, reicher, erfolgreicher und so weiter ist. Dies führt dazu, dass wir immer mehr konsumieren und uns zunehmend hetzen lassen. Anstatt jedoch irgendwann Zufriedenheit zu erreichen, tritt das Gegenteil ein und es breitet sich eine Leere in uns aus, die im Laufe der Zeit zunimmt. Dieses Streben nach Konsum und Besitz führt außerdem dazu, dass Gier, Hab- und Selbstsucht um sich greifen und Mitmenschlichkeit auf der Strecke bleibt. Denn wer sich ausschließlich darauf konzentriert, möglichst viel zu haben oder selbst stets als Bester dazustehen, der wird nicht darauf achten, ob das, war er tut, auch für seine Mitmenschen und die Gesellschaft von Vorteil ist. All diese Dinge widersprechen den Tugenden der Samurai wie der Rechtschaffenheit, der Unverfälschtheit oder der Menschlichkeit und dem Mitgefühl.

Vergeudet man jedoch sein Leben mit unnützen Versuchen, andere unreife Leute zu beeindrucken und Dinge zu horten wie eine Ratte die Saatkörner, so wird man 40 Jahre später immer noch dieselbe Person geblieben sein. Nur haben die charakterlichen Fehler aus einem enttäuschten, unzufriedenen Jüngling einen enttäuschten, unzufriedenen alten Mann werden lassen. Besitztümer und Diener werden nicht im Stande sein, seine Pein zu mildern.

Thomas Preston

Die Samurai waren deshalb so mutig, weil sie mit der Erwartung zu sterben in die Schlacht zogen. Aufgrund dieser Geisteshaltung hatten sie nichts zu fürchten, denn es gab nichts mehr zu verlieren. Besitz, Status, Aussehen – all das spielte angesichts des drohenden Todes keine Rolle mehr. Nun musst du glücklicherweise nicht in Erwartung des baldigen Todes in den Kampf ziehen. Gleichwohl kannst du dir einmal die Frage stellen, welche Dinge derzeit für dich eine wichtige Rolle spielen, aber im Grunde belanglos wären, würdest du erfahren, dass du nächste Woche sterben musst.

In seinem im Jahre 1976 erschienenen Buch *Haben oder Sein* stellte sich der Autor, Philosoph und Sozialpsychologe Erich Fromm die Frage, ob es in unserer Welt überhaupt eine Alternative zum Haben gibt. Liegt der Sinn des Lebens im Haben oder im Sein? Erich Fromm erklärt den Unterschied zwischen den Existenzweisen des Habens und des Seins anhand zweier Gedichte, die auf den ersten Blick beide von einer ähnlichen Situation erzählen. Das eine Gedicht ist ein Haiku[1] 俳句 des japanischen Dichters Matsuo Bashō 松尾 芭蕉, der im 17. Jahrhundert in eine Samurai-Familie hohen Standes hineingeboren wurde, sich aber dazu entschied, sein Leben als Wanderer dem Zen-Buddhismus sowie der Poesie zu widmen. Das andere Gedicht stammt von einem englischen Dichter des 19. Jahrhunderts namens Alfred Tennyson. In beiden Gedichten geht es um die Reaktion eines Spaziergängers, der am Wegesrand eine Blume entdeckt. Tennyson schreibt über dieses Erlebnis wie folgt:

Blume in der geborstenen Mauer,
Ich pflücke dich aus den Mauerritzen,
Mitsamt den Wurzeln halte ich dich in der Hand,
Kleine Blume – doch wenn ich verstehen könnte,
Was du mitsamt den Wurzeln
und alles in allem bist,
Wüsste ich, was Gott und Mensch ist.

1 Ein Haiku ist eine japanische Gedichtform, die aus drei Zeilen besteht und insgesamt 17 Silben hat. Die erste und die letzte Zeile bestehen dabei jeweils aus fünf Silben, während die mittlere Zeile sieben Silben umfasst. Haikus sind oft von Natur und Jahreszeiten inspiriert und sollen in ihrer Kürze und Schlichtheit eine tiefe Bedeutung vermitteln.

Das Haiku des Samurai-Dichters Bashō hingegen lautet:

Wenn ich aufmerksam schaue,
Seh' ich die Nazuna[1]
An der Hecke blühen!

Erkennst du den Unterschied? Tennyson sieht die Blume im kaputten Mauerwerk und hat sofort den Wunsch, die Blume zu besitzen – sie zu haben. Er pflückt sie »mitsamt den Wur-

Matsuo Bashō
Matsuo Bashō (1644–1694) war ein japanischer Dichter, der als Meister des Haiku, einer traditionellen japanischen Dichtungsform, gilt. Seine Haikus, die oft Naturimpressionen und menschliche Erfahrungen thematisieren, beeinflussten die japanische Literatur stark und machten ihn zu einem der bekanntesten Dichter Japans. Bashō wurde zwar in eine Samurai-Familie von hohem Stand hineingeboren, zog es jedoch vor, sich als Wanderer dem Zen und klassischer chinesischer Poesie zu widmen. Bereits als junger Mann soll er in Bescheidenheit und weitgehender Armut, aber als glücklicher Mann gelebt haben. Bashō war bereits zu Lebzeiten eine Berühmtheit und Lehrer für zahlreiche Schüler, die er insbesondere in der Gedichtform Haiku unterrichtete.

1 Hirtentäschelkraut.

zeln«. Sein Interesse an ihr führt dazu, dass er sie tötet, während er mit der intellektuellen Spekulation schließt, dass ihm die Blume eventuell dazu dienen könnte, die Natur Gottes und des Menschen zu begreifen, schreibt Erich Fromm.[1]

Die Reaktion des wandernden Dichters Bashō auf die Blume ist eine völlig andere. Er will sie nicht pflücken; er berührt sie nicht einmal. Er schaut aufmerksam, um sie zu »sehen«.[2] Tennyson muss die Blume besitzen, um den Menschen und die Natur zu verstehen, und dadurch, dass er sie *hat*, zerstört er die Blume. Bashō hingegen möchte *sehen*, er möchte die Blume nicht nur anschauen, er möchte mit ihr eins sein, sich mit ihr vereinen – und sie leben lassen.[3] Tennysons Beziehung zu der Blume ist von der Weise des Habens oder des Besitzenwollens geprägt, wobei es ihm nicht um den materiellen Besitz, sondern um den Besitz von Wissen geht. Hingegen kennzeichnet die Weise des Seins die Beziehung Bashōs zu der Blume.[4]

Nach Erich Fromm zeichnet sich die Existenzweise des Seins dadurch aus, dass man nichts *hat* und nicht *zu haben* begehrt, sondern voller Freude ist, seine Fähigkeiten produktiv zu nutzen, und dadurch eins mit der Welt ist. Den Wettstreit des Habens, also das Streben nach mehr Besitztümern, mehr Macht, mehr Anerkennung, kann man hingegen nicht gewinnen. Er dient einzig dazu, uns gegeneinander auszuspielen und uns permanent abzulenken. Außerdem können Besitztümer verloren gehen.

1 Fromm, 2012, S. 31.

2 Fromm, 2012, S. 31.

3 Fromm, 2012, S. 32.

4 Fromm, 2012, S. 33.

Auf welche Weise lebst du? Haben oder Sein? Wenn du festgestellt hast, dass du dich überwiegend über das Haben definierst, dann stelle dir eine weitere Frage: »Wer bin ich, wenn ich bin, was ich habe, und dann verliere, was ich habe?«

Haben oder Sein – Erich Fromm

Haben oder Sein ist ein bekanntes Werk des humanistischen Denkers und Sozialpsychologen Erich Fromm (1900–1980). Dort beschreibt er, wie sehr die westliche Gesellschaft vom Haben und Habenwollen bestimmt ist und wie der Mensch hierbei zum bloßen Diener des Wirtschaftssystems verkommt, dem es einzig darum geht, noch mehr zu besitzen. Fromm erklärt, dass das System die Menschheit dazu erzieht, immer mehr haben zu wollen und der Einzelne sich hierdurch zunehmend von sich selbst und der Umwelt entfremdet. In letzter Konsequenz führe dies zu Krieg und Zerstörung.

Fromm stellt dem die Existenzweise des Seins gegenüber, in welcher sich der Mensch nicht über seinen Besitz, sondern über sich selbst definiert. Hier geht es nicht um die Anhäufung von Besitztümern und gesellschaftlichem Status, sondern darum, ganz bei sich selbst zu sein und mitfühlend mit anderen Lebewesen das innerste Selbst zum Gedeihen zu bringen.

Wer bist du, wenn du all diese Dinge, die dich vermeintlich definieren, verlierst? Was passiert dann? Stelle dir vor: Aufgrund einer Wirtschaftskrise verlierst du dein Vermögen und deinen Job, dein gutes Aussehen ist durch einen Unfall oder wegen des Alters nur noch blasse Erinnerung. Aufgrund äußerer Umstände oder einiger Fehlentscheidungen verlierst du deine gesellschaftliche Stellung und bist nicht mehr gern gesehen. Wer bist du dann? Du hast es sicherlich gemerkt: Wenn du dich ausschließlich über das Haben definierst und dann alles verlierst, bleibt nicht viel übrig. Das soll nicht bedeuten, dass du dir keine materiellen Dinge mehr kaufen oder nicht stolz auf deine Fähigkeiten oder Errungenschaften sein sollst. Das ist alles vollkommen in Ordnung und gehört zum Leben dazu. Wichtig ist allein, dir darüber bewusst zu sein, dass du, ja ein jeder Mensch mehr ist, als das, was er hat oder nicht hat. Ki ist, wer du im Inneren bist.

Der stärkste Mann ist nicht derjenige,
der für sich größtmöglichen Luxus kaufen oder
beanspruchen kann, sondern der, der sich an
einem Leben ohne Luxus voll erfreuen kann.

Thomas Preston

Ein Urban Samurai entscheidet sich daher für die Existenzweise des Seins. Das bedeutet nicht, dass du nicht auch nach Erfolg, Anerkennung, materiellem Wohlstand und derlei Dingen streben kannst. Ein jeder von uns hat bestimmte Ziele, die er in seinem Leben erreichen möchte. Es geht darum, zu begreifen, dass du nicht dein Geld, dein Haus, dein Aussehen und dergleichen bist. Andernfalls besteht die Gefahr, dass du unzufrieden wirst, weil du nicht im Traumhaus wohnst, dir den schnellen Sportwagen nicht leisten kannst oder nicht so erfolgreich wie dein Nachbar bist, oder aber, weil du fürchtest, all diese Dinge wieder verlieren zu können.

Oftmals ist das Leben reicher Menschen von Verlustangst geprägt. Der Angst vor Dieben, wirtschaftlichen Veränderungen, Revolutionen, dem Tod usw. Diese Angst führt dazu, dass zur Absicherung immer mehr Besitztümer, mehr Status, mehr Anerkennung und dergleichen angehäuft werden. Oftmals ist dieses Streben nichts anderes als die Suche nach dem wahren Ki, dem wahren Wesenskern. Doch ironischerweise führt es dazu, dass man sich von seinem Wesenskern immer weiter entfernt. Der Weg des Urban Samurai besteht daher darin, sich nicht über seinen Besitz zu definieren, sondern sich zu erfreuen und dankbar zu sein für das, was man hat oder erreicht hat.

Reflexionsfragen

- Was magst du an dir am liebsten?
- Was sind deine besten Eigenschaften?
- Auf welche Errungenschaft in deinem Leben bist du besonders stolz?
- Welche drei Gegenstände würdest du auf eine einsame Insel mitnehmen?
- Welche Menschen sind dir besonders wichtig?
- Was verändert sich, wenn du diese Dinge/Menschen verlierst?

Herausforderung

- Gib jeden Monat ein wenig Geld für deine persönliche Weiterbildung aus. Hierunter fällt alles, was du nicht besitzen kannst, dich aber in irgendeiner Art und Weise körperlich, geistig oder seelisch voranbringt. Beispiele dafür sind: Fitnessstudio, Yogakurs, Selbstverteidigungs- oder Kampfsport, Schützenverein, berufliche Fortbildungen, Meditationskurs, Programmierkurs, Gesangsunterricht, Musikunterricht, Zeichenunterricht, Rhetorikkurs, Börsenkurs, Auszeit im Kloster, gemeinnützige Arbeit usw.

6

Der Weg des Samurai liegt im Sterben – Lebensziele

Reiche und Arme, Junge und Alte, Erwachte
und Verblendete – alle müssen sterben;
der Tod kommt zu jedem von uns. Jeder –
auch wenn er diese Wahrheit kennt –
macht sich glauben, er sei der Letzte,
der sterben müsse, nachdem alle anderen
diesem unausweichlichen
Schicksal begegnet sind.

Hagakure

Bereits in der Ratgebersammlung der Samurai, dem *Hagakure* steht, dass der Weg des Samurai im Sterben liegt. Dies kommt nicht von ungefähr, denn die Samurai mussten stets damit rechnen, in der nächsten Schlacht zu fallen oder sich durch rituellen Freitod[1] selbst töten zu müssen. Der eigene Tod war daher allgegenwärtig im Leben der Samurai. Entsprechend übten sie sich in der Meditation und in den Künsten darin, die eigene Vergänglichkeit zu akzeptieren und den

1 *Seppuku* 切腹, auch bekannt als *Harakiri* 腹切り, war eine Form des rituellen Selbstmords unter den Samurai. Um beispielsweise einer schweren Schande zu entkommen, die eigene Ehre oder die des Clans wiederherzustellen oder aber um die Loyalität zu einem Meister oder Anführer zu beweisen, schnitten sich die Samurai den Bauch mit einem Kurzschwert auf. Bestenfalls war ein Sekundant anwesend, der im Anschluss den Kopf abschlug, um auf diese Weise den Todeskampf zu beenden. Heute ist Seppuku in Japan illegal und wird nicht mehr praktiziert.

Tod als Bestandteil des Lebens anzuerkennen. Dies im Hinterkopf, war das Leben für einen Samurai im Grunde wie ein kurzer Traum, und nur derjenige, der bereit war, seine Zeit richtig zu nutzen, konnte außergewöhnliche Taten vollbringen und dadurch Ruhm und Ehre erlangen.

Aus heutiger Sicht erscheint diese Todesverachtung vielleicht nicht mehr zeitgemäß und in Teilen befremdlich. Ob es andererseits sinnvoll ist, den Tod zu tabuisieren und zu verdrängen, wie es unsere gegenwärtige Gesellschaft tut, mag hingegen auch bezweifelt werden. Gestorben wird hinter verschlossenen Türen, abgeschirmt in sterilen Krankenhäusern. Der Tod ist etwas, das anderen passiert, aber nicht einem selbst. So scheint es nur konsequent, dass Google und andere Silicon-Valley-Firmen ernsthaft daran arbeiten, den Tod zu überwinden und sich die Suche nach Unsterblichkeit als Ziel gesetzt haben.[1] Die meisten von uns fürchten den Tod. Dies liegt zu einem großen Teil daran, dass wir uns zu sehr an der Existenzweise des Habens orientieren. Wenn wir unsere Identität auf unseren Erfolgen oder Besitztümern aufbauen, dann ist die Angst vor dem Verlust dieser Errungenschaften eine unausweichliche Folge. Dies gilt vor allem und erst recht für den Tod, mit dem wir vermeintlich alles verlieren, was uns ausmacht. Um wie ein Samurai die Angst vor dem Tode zu überwinden, bedarf es großer Anstrengung und Übung. Ein erster Schritt liegt darin, den Tod als etwas Natürliches zu akzeptieren. Wenn sich das alles jetzt sehr abstrakt und vielleicht auch beängstigend anhört, kannst du dich an den Worten des griechischen Philosophen Epikur trösten, der sagte, dass uns der Tod an sich nichts angeht,

1 https://www.sueddeutsche.de/wirtschaft/google-das-c-im-alphabet-1.2607421 (abgerufen am 30. 07. 2023)

denn solange wir sind, ist der Tod noch nicht da, und wenn der Tod da ist, sind wir nicht mehr da.

Das Leben eines Menschen ist wirklich kurz.
Darum gilt es zu leben, indem man das tut,
was man gerne macht. In einer Welt, die im
Traum vorübergeht, ist es erbärmlich, in seinem
Leben Dinge zu tun, die man nicht mag,
und so nur Mühe und Kummer zu finden.

Hagakure

Ein freies Leben zu führen bedeutet, sich der eigenen Sterblichkeit bewusst zu werden und diese nicht zu fürchten und zu verdrängen. Die Samurai lehren uns, dass sich die Furcht vor dem Tode nur überwinden lässt, indem man sich nicht an das Leben klammert und es nicht als seinen Besitz betrachtet. Ist es nicht der Tod, der das Leben erst zu etwas Besonderem und so unglaublich Kostbarem macht? Er macht das Leben zu einem Geschenk, das wir nutzen sollten.

Niemand weiß, wie viel Lebenszeit ihm auf dieser Welt gegeben ist und wann er sterben muss. Die meisten Menschen scheuen sich, über den eigenen Tod nachzudenken, und schieben das Thema weit weg. Ein Urban Samurai blendet den Tod nicht aus, sondern bezieht ihn aktiv in sein Leben ein, indem er erkennt, wie kostbar die ihm zur Verfügung stehende Zeit ist. Lebenszeit ist das kostbarste Gut, das wir besitzen. Unsere Zeit ist so kostbar, weil sie endlich ist.

Um ein glückliches Leben zu führen und deine Ziele zu erreichen, solltest du dich fragen, wie du deine Zeit dafür am besten nutzen kannst. Überprüfe einmal, ob du deine Lebenszeit sinnvoll investierst und ob der Gegenwert, den du für die eingetauschte Zeit erhältst, dich voranbringt und glücklich macht. Du wirst merken, dass dies gar nicht so einfach ist. Denn um die Frage zu beantworten, musst du dir zunächst einmal im Klaren darüber sein, was du in deinem Leben erreichen willst. Was willst du in deinem Leben unbedingt gemacht oder erreicht haben? Was macht dich glücklich? Weshalb und wie sollen dich die Menschen einmal in Erinnerung behalten? Nur wenn du dir über diese Dinge im Klaren bist, weißt du, ob du deine Lebenszeit »sinnvoll« nutzt.

Kennst du das? Du hast schon dein ganzes Leben lang ein paar Dinge vor, die du unbedingt tun willst und die dir wichtig sind. Die Fernreise nach Japan, der immer wieder verschobene Besuch der Großmutter, der Sprung in die Selbstständigkeit und derlei Dinge. Aber irgendwie kommt dir immer wieder etwas dazwischen und du schiebst die Angelegenheit weiter auf. Gerade passt es zeitlich einfach nicht rein und sowieso ist derzeit alles so stressig. Du nimmst dir vor, die Sache wieder anzugehen, wenn die Umstände sich geändert haben.

Jeder kennt diese Situationen. Sie sind allzu menschlich. Gleichzeit hindern wir uns durch dieses Verhalten selbst daran, das Leben zu führen, das wir eigentlich führen möchten. Denn immer erscheint etwas anderes wichtiger zu sein, weswegen wir Vorhaben oder Dinge, die eigentlich wesentlich für uns wären und uns persönlich in unserem Leben bereichern würden, oftmals zeitlich nach hinten verschieben. Wir sind stets der Auffassung, dass uns noch genug Zeit bleibt, unsere jeweiligen Lebensziele zu erfüllen. Die Fernreise kann ich auch noch nächstes Jahr machen. Meine Liebe kann ich meinem Schwarm auch noch morgen gestehen. Mit dem Sport fange ich doch besser erst an, wenn ich in der Arbeit nicht so eingebunden bin. Egal was es ist, wir verlassen uns immer darauf, dass es ein »später« geben wird.

Im Gegensatz zu diesen für uns wesentlichen Dingen, neigen wir Menschen dazu, unwichtigere Angelegenheiten schneller in Angriff zu nehmen. Das liegt daran, dass beinahe alles, was irgendwie fristgebunden ist, vom menschlichen Gehirn als wichtig empfunden wird, weshalb wir die Sache schnellstmöglich und vorranging erledigen wollen.[1] Verstärkt wird dieser Effekt dadurch, dass uns unser Gehirn für eine abgehakte und erledigte Aufgabe mit Glückshormonen versorgt. Dies kann dazu führen, dass du im Grunde dein ganzes Leben nur Dinge tust, die für dich gar keinen richtigen Mehrwert haben, da sie nicht zur Erreichung deiner Lebensziele beitragen. Du erledigst zwar alles andere, investierst deine Lebenszeit aber nicht in etwas, was dir eigentlich am Herzen liegt. Dies führt mittel- bis langfristig zu Unzufriedenheit.

Nachdem die wirklich wichtigen Dinge im Leben keiner Frist unterliegen, denken wir, dass wir noch genug Zeit haben, wenn die Umstände besser sind. Aber irgendwas kommt immer dazwischen, und ehe man sich versieht, hat man vielleicht nicht mehr die Möglichkeit, seine Träume wahr werden zu lassen. Der Zeitpunkt wurde schlicht verpasst. Ein Virus macht das Reisen unmöglich. Der heimliche Schwarm hat nicht länger gewartet und eine(n) andere(n). Der geliebte Mensch, mit dem man mehr Zeit verbringen wollte, lebt nicht mehr.

Damit es so weit nicht kommt, solltest du dir Gedanken darüber machen, was deine Ziele im Leben sind. Im Folgenden findest du ein paar Anregungen aus verschiedenen Lebensbereichen, die dir helfen, Klarheit zu bekommen.

1 https://www.quarks.de/gesellschaft/psychologie/wie-deadlines-unsere-arbeit-beeinflussen/ (abgerufen am 30.07.2023)

Familie und Freunde

Mit wem willst du gerne mehr Zeit verbringen? Mit wem vielleicht weniger? Wen hast du schon viel zu lange nicht gesehen? Wem solltest du einmal zeigen, wie gern du ihn hast? Welche Konflikte sollten geklärt werden?

Liebe

Hast du schon jemanden für dein Leben gefunden? Willst du überhaupt einen Partner? Wie ist eure Beziehung? Welche Veränderungen wünschst du dir? Was sind eure gemeinsamen Ziele?

Beruf

Welche beruflichen Ziele hast du? Gibt es Möglichkeiten der Weiterbildung oder Spezialisierung? Oder kommen sogar ein Wechsel der Branche und etwas ganz Neues in Betracht?

Gesundheit und Fitness

Nur in einem gesunden Körper wohnt auch ein gesunder Geist! Was sind deine Ziele in diesem Bereich? Regelmäßig joggen gehen? Muskeln aufbauen? Abnehmen? Gesündere Ernährung? Eine neue Sportart anfangen?

Kreativität

Was kannst du besonders gut? Vielleicht zeichnen oder dichten? Oder bist du handwerklich begabt? Was sind die kreativen schöpferischen Dinge, die du gern tun würdest?

Persönliches Wachstum

Was möchtest du für dich persönlich erreichen? Vielleicht eine neue Sprache lernen? Oder einen Trainerschein machen? Programmieren lernen? Schach meistern?

Materielle Dinge

Welche Dinge willst du gerne besitzen? Ein Haus, ein Auto oder etwas ganz Ausgefallenes wie etwa ein echtes Samurai-Schwert?

Erlebnisse

Was willst du noch erleben? Welche Orte willst du noch sehen? Was willst du noch unbedingt tun?

Gute Taten

Wem willst du etwas zurückgeben? Wen willst du unterstützen und wem zur Seite stehen? Wofür willst du dich unentgeltlich einsetzen?

Vermächtnis

Weshalb sollen sich die Menschen später nach deinem Tod einmal an dich erinnern?

Nachdem du dir in den einzelnen Bereichen konkrete Ziele gesetzt hast, geht es an die Umsetzung. Hierbei ist es wichtig, dass du den Zielen ihre Abstraktheit nimmst und genau festlegst, wann du was tust, um das jeweilige Ziel zu erreichen. Setze dir beispielsweise Jahres-, Quartals-, Monats- und Wochenziele. Zum Beispiel: Nächstes Jahr mache ich die Reise nach Japan. Dieses Quartal besuche ich einen Schachkurs. Einmal im Monat besuche ich eine mir wichtige Person. Einmal in der Woche gehe ich zum Schwimmen und lege einen Sparbetrag zur Seite.

Wichtig ist, dass du dich aktiv für die Durchsetzung deiner Ziele entscheidest. Denn es wird immer so sein, dass dir etwas anderes dazwischenkommt, was vermeintlich keinen Aufschub duldet. Doch du bestimmst, ob dem tatsächlich so ist oder nicht. Mache dir bewusst, dass du immer eine Wahl hast und eine Entscheidung treffen kannst. Laut dem *Hagakure* sollte man eine Entscheidung sogar innerhalb von sieben Atemzügen fällen. Noch wichtiger aber ist, dass du überhaupt eine Entscheidung triffst. Denn nur dann wird sich auch etwas in deinem Leben verändern. Andernfalls verharrst du in einem nie enden wollenden Status quo und vergeudest die dir gegebene Lebenszeit. Hast du dich für etwas entschieden, dann stehe dazu. Gegenüber anderen, aber auch und vor allem gegenüber dir selbst. Ein Samurai stand zu seinem Wort und zu seiner Entscheidung und verbürgte sich hierfür sogar mit seinem Leben. Wenn du also nächstes Mal ins Hadern kommst und mit dem Gedanken spielst, deinen Vorsatz oder deine Entscheidung doch nicht umzusetzen oder auf die lange Bank zu schieben, dann denke an den eisernen Willen und die knallharte Konsequenz, mit der die Samurai bis hin zum Tode hinter ihren Entscheidungen standen. Auch wenn du dein Versagen nicht vor einem Fürsten, sondern oftmals nur gegenüber dir selbst rechtfertigen musst, solltest du mutig zu den von dir getroffenen Entscheidungen stehen.

So suchen sie Zuflucht in der äußeren Welt und beschäftigen sich mit unwesentlichen Dingen wie Ansehen, sozialem Rang, Geld und dem Anhäufen lebloser Gegenstände. Wenn einmal unausweichlich die Zeit gekommen ist, den Geist dorthin freizugeben, woher er gekommen ist, so sind sie von ihrer mangelnden Vorbereitung darauf entsetzt und vermögen ihn nicht ziehen zu lassen. Ein ganzes Leben hatten sie Zeit, doch auf einmal erkennen sie ihre Unfertigkeit und verlangen nach noch mehr Zeit der Vorbereitung. Gewährte man ihnen diese zusätzliche Zeit, so würden sie panikartig in einer letzten verzweifelten Kraftanstrengung schon wieder Trost suchen wollen in der äußeren Welt, da, wo sie ihn nicht finden können.

Thomas Preston

Hast du dich dafür entschieden, etwas zu tun, dann stelle sicher, dass du dein Ziel auch erreichst. Für die Erreichung der Lebensziele brauchst du vor allem eins: Selbstdisziplin! Durch Selbstdisziplin kannst du das Leben führen, das du führen willst, und deine Lebenszeit Dingen widmen, die dir wirklich wichtig sind. Selbstdisziplin ist daher der Schlüssel zu einem erfolgreichen und glücklichen Leben. Halte dir deine Ziele stets vor Augen und strebe danach, sie zu erreichen. Selbstdisziplin bedeutet, dass du nicht mehr nur passiv bist und dein Leben an dir vorbeiziehen lässt. Im Gegenteil arbeitest du aktiv daran, deine Ziele zu erreichen, auch wenn dies manchmal schmerzlich oder unangenehm ist. Betrüge dich auf deinem Weg nicht selbst. Der schlimmste Feind der Selbstdisziplin ist die Ausrede. Oftmals reden wir uns ein, wir hätten keine Zeit, etwas Bestimmtes zu tun. Aber ist das tatsächlich so? In vielen Fällen hatten wir sehr wohl genug Zeit, verschwenden diese aber unüberlegt und ohne uns hierüber richtig im Klaren zu sein.

Wie viel Zeit verbringst du täglich, wöchentlich, monatlich und jährlich auf Social Media? Angenommen du verbringst eine Stunde am Tag mit Instagram und Facebook, dann sind das bereits 7 Stunden in der Woche, 28 Stunden im Monat und 336 Stunden im Jahr. Jetzt kannst du dir die Frage stellen, was du als Gegenwert für diese Lebenszeit erhalten hast. Hast du einen Mehrwert erhalten? Haben dich diese 336 Stunden mit besonderer Freude erfüllt oder haben diese 336 Stunden dazu beigetragen, dass du einem deiner (Lebens-)Ziele nähergekommen bist? Im Zweifel nicht. Social Media ist nicht per se schlecht. Es ist aber ein gutes Beispiel, um darzustellen, dass wir unsere Lebenszeit oftmals für Dinge verwenden, die uns im Grunde überhaupt nichts bringen und sogar unzufrieden oder gar unglücklich machen. Wenn du dich also nächstes Mal beschwerst, dass du zu wenig Zeit hast, um etwas für dich Wichtiges zu tun, dann hinterfrage dich selbst, ob das stimmt oder ob du deine Zeit für die falschen Dinge aufwendest. Dies bedeutet nicht, dass du jede Minute deines Lebens ausschließlich produktiv nutzen musst und dich dem allgemeinen Trend folgend zu einer Produktivitätsmaschine optimierst. Im Gegenteil, es gibt so viele Dinge, die das Leben lebenswert machen, die nichts mit Arbeit oder Produktivität zu tun haben. Tue sie bewusst: bewusst ausspannen und einen guten Film schauen. Bewusst mal einfach einen ganzen Tag gar nichts machen und im Bett liegen bleiben. Bewusst den Sternenhimmel beobachten. Bewusst Zeit mit Freunden und Familie verbringen.

Dadurch, dass du dir über deine Lebensziele im Klaren bist, kannst du etwas ändern. Du kannst dich entscheiden, das Leben zu leben, das du dir wünschst. Hierfür musst du aktiv, mit Disziplin und Willen daran arbeiten, deine Ziele zu erreichen. Halte dir deine Ziele stets vor Augen und schaffe dir kleine konkrete Zwischenziele, die du leicht erreichen kannst und die dich motivieren. Ein Samurai lässt sich nicht vom einmal eingeschlagenen Weg abbringen. Am leichtesten wird es dir fallen, bestimmte Ziele zu erreichen, indem du positive Gewohnheiten in deinen Alltag etablierst, die dich Stück für Stück deinen Zielen näherbringen. Hierdurch entkommst du der Passivität und dem reaktiven Handeln im Alltag und nimmst das Heft deines Lebens in die Hand. Wie die alten Samurai nach Ganzheit strebten, so strebt auch der Urban Samurai danach, die beste Version seiner selbst zu werden. Ein Urban Samurai versteht, dass es erst der Tod ist, der unsere Lebenszeit so einzigartig und besonders macht. Er begreift, dass das Leben ein außerordentliches Geschenk ist, das es zu nutzen gilt.

Reflexionsfragen

- Vervollständige nachfolgende Sätze:
  Wenn ich noch ein Jahr zu leben hätte, würde ich …
  Wenn ich noch sechs Monate zu leben hätte, würde ich …
  Wenn ich noch einen Monat zu leben hätte, würde ich …
  Wenn ich noch eine Woche zu leben hätte, würde ich …
  Wenn ich noch einen Tag zu leben hätte, würde ich …
- Lies dir im Anschluss deine Antworten durch, und analysiere, ob und wie sich deine Vorhaben und Prioritäten mit abnehmender Zeitspanne verändert haben und ob es etwas gibt, das sich gerade nicht geändert hat. Schreibe die Unterschiede so genau wie möglich auf, und ziehe die für dich erforderlichen Schlussfolgerungen.

Herausforderung

- Versuche ganz nach dem Motto »Carpe diem« – Nutze den Tag – auch kleine »Time-Slots«, die du für gewöhnlich einfach abwartend verstreichen lässt, für kleine dir wertvolle Dinge zu nutzen. Stehst du in einer Warteschlange, könntest du die Zeit beispielsweise für Achtsamkeitsübungen nutzen und deine dich umgebende Umwelt ganz genau und bewusst wahrnehmen. Alternativ kannst du aber beispielsweise auch ein Buch lesen, anstatt die Wartezeit mit Social Media zu vergeuden.
- Erstelle eine Liste mit kleinen Dingen, die du in Wartezeiten in deinen Alltag einbauen kannst. Die Möglichkeiten sind unbegrenzt und es ist alles erlaubt, was dir Spaß macht: Lesen, Hörbücher, Meditations- oder Achtsamkeitsübungen, Atemübungen, Liegestütze, Klimmzüge etc.

7

Gespeicherte Arbeitszeit – Geld verdienen und ausgeben

Das nächste Thema hat mehr mit unserer Lebenszeit gemein, als du vielleicht glauben magst. Geld! Für die alten Samurai war Ritterlichkeit nicht etwas Wirtschaftliches, sondern vielmehr durch Enthaltsamkeit geprägt. Der Legende nach verabscheuten die Samurai Geld, Geld zu verdienen oder das Anhäufen von Vermögen, das sie als schmutzige Geldgier verstanden. Aus diesem Grunde wurden die Samurai auch nicht in Wirtschaft und Ökonomie ausgebildet. Vielmehr wurde ihnen eingebläut, dass es unschicklich sei, über Geld und Wirtschaft zu sprechen. Dies empfand man als kleingeistig. Natürlich wussten die Samurai, dass Geld insbesondere für die Kriegsführung erforderlich war, doch dies war für sie kein Grund, die Wertschätzung von Geld zu einer Tugend zu erheben.[1] Bushidō lehrte vielmehr die Sparsamkeit als Tugend. Doch nicht – wie man vermuten könnte –, um sich ein Vermögen anzusparen, sondern vielmehr, um sich in Enthaltsamkeit zu üben. Luxus wurde innerhalb der Kriegerkaste verachtet, da man hierin eine Gefahr für die Ritterlichkeit sah.

Diese Einstellung der Samurai mag ehrenhaft gewesen sein und in Teilen noch immer ihre Berechtigung haben. Allerdings ist unsere moderne Welt derart beschaffen, dass wir Geld verdienen müssen, um unsere Bedürfnisse befriedigen zu können. Sofern du also nicht als Mönch in einem Kloster

1 Nitobe, 2011, S. 84.

lebst und dir über Finanzen keine Sorgen machen musst, wirst auch du in erster Linie morgens zur Arbeit gehen, damit du am Ende des Monats Geld auf dein Konto überwiesen bekommst, von dem du deine Miete, Nahrung und Sonstiges bezahlen musst. Es ist daher durchaus wichtig zu verstehen, was Geld eigentlich ist und wie man sinnvoll mit ihm umgeht. Sofern du zudem die Lektion des Habens oder Seins beachtest und dich nicht über dein Geld, deinen Reichtum oder das Geldverdienen definierst, handelst du völlig im Einklang mit dem Samurai-Kodex und musst dir keine Sorgen um deine Ritterlichkeit machen. Ein Urban Samurai kann das ihm zur Verfügung stehende Geld nutzen, um einen positiven Einfluss auf seine Umwelt auszuüben.

Geld als Zeit- und Wertspeicher

Geld ist zunächst einmal nichts Gutes oder Schlechtes. Es ist lediglich ein Mittel zum Zweck, auf das wir letztlich alle auf die ein oder andere Art angewiesen sind. Mit Geld kann viel Gutes, aber eben auch Schlechtes erschaffen werden. Am Ende entscheidest allein du, wie und für was du dein Geld ausgibst. Ziel des Urban Samurai sollte sein, bewusst mit dem zur Verfügung stehenden Geld umzugehen und es für eine gerechte Sache einzusetzen.

Geld ist ein guter Diener,
aber ein schlechter Herr.

Francis Bacon

Geld dient dem Austausch und dem Erwerb von Gütern und Dienstleistungen. Ohne Geld als Tauschmittel stünden wir vor einem praktisch kaum lösbaren Problem: Wir müssten direkten Tausch betreiben. Dies ist aber in der modernen Wirtschaft kaum zu bewerkstelligen. Ein kleines Beispiel: Der Obsthändler möchte vom Fahrzeugverkäufer ein Auto erwerben. Es ist aber unwahrscheinlich, dass der Fahrzeugverkäufer ein Interesse daran hat, sich den Wert des Fahrzeugs in Bananen, Äpfeln und sonstigen Früchten ausbezahlen zu lassen. Zum einen dürfte eine solche Menge Äpfel und Bananen nur schwer zu transportieren sein, zum anderen müssen diese aufbewahrt und gelagert werden und sind schnell verderblich. Außerdem wird der Autoverkäufer schlicht keinen Bedarf an so vielen Äpfeln und Bananen haben. Um dieses Problem zu lösen, erfand die Menschheit den indirekten Austausch von Gütern durch das Tauschmittel Geld. Durch die Erfindung des Geldes wird der Handel von Waren und Dienstleistungen also enorm erleichtert, und der Obsthändler muss den Autoverkäufer nicht in Bananen bezahlen.

Darüber hinaus ist Geld auch Wert- und Preismaßstab sowie Recheneinheit, indem es der Bewertung und dem Vergleich der Güter und Leistungen dient. Die Geldfunktion als Recheneinheit hilft, den Wert von Waren vergleichbar zu machen. Ohne diese Funktion müssten stets die einzelnen Tauschverhältnisse zueinander geklärt werden. Wie viele Bananen entsprechen dem Wert eines Fahrzeugs? Wie viele Bananen ist ein Apfel wert? Wie viel Liter Milch bekommt man für zehn Eier? Alle diese schier unendlich vielen Tauschverhältnisse müssten untereinander bewertet und abgestimmt werden. Die Recheneinheitsfunktion des Geldes löst dieses Problem und ermöglicht es, dass auch sehr unterschiedliche Waren miteinander verglichen werden können.

Außerdem verfügt Geld noch über eine weitere sehr bedeutende Fähigkeit. Geld kann Wert speichern. Das hört sich zunächst banal an, ist aber von großer Bedeutung. Durch die Wertspeicherfunktion des Geldes ist es uns nämlich möglich, einen angesammelten Wert über einen längeren Zeitraum anzusparen. Andernfalls wäre man nämlich gezwungen, das, was man durch seine Arbeit verdient, sofort wieder auszugeben oder sofort in etwas anderes einzutauschen, da man immer Angst haben müsste, die Sache verliere ihren Wert. Wir werden für die von uns verrichtete Arbeit in Geld vergütet. Im Gegenzug stellen wir zum einen unsere Arbeitsleistung und zum anderen die von uns aufgewendete Arbeitszeit zu Verfügung. Arbeitszeit ist jedoch nichts anderes als Lebenszeit. Wir tauschen somit unsere Lebenszeit gegen Geld ein. Mit der Wertspeicherfunktion des Geldes ist es möglich, diese aufgewendete Zeit als Lohn zu speichern. Damit das Geld jedoch seine Werterhaltungsfunktion bewahren kann, ist es unerlässlich, dass der Wert des Geldes stabil bleibt und das Geld nicht durch Preissteigerungen an Kaufkraft verliert. Wenn die Preisstabilität hingegen nicht mehr gegeben ist und das Geld weniger oder nichts mehr wert ist, bekommen wir, wenn wir das erarbeitete Geld gegen Waren oder Dienstleistungen eintauschen wollen, weniger oder im schlimmsten Fall gar nichts mehr. Herrschen also eine hohe Inflation und Geldentwertung, bedeutet dies, dass wir unsere Lebenszeit zu einem schlechten Kurs eingetauscht haben. Eine Geldentwertung heißt somit, dass wir Energie und Lebenszeit umsonst aufgewendet haben. Als ein Urban Samurai solltest du dir daher Gedanken darüber machen, wie du dein erarbeitetes Geld am besten anlegst, ohne dass dieses seinen Wert verliert. Hierdurch verhinderst du, dass du deine Arbeits- und Lebenszeit umsonst gegen Geld eintauschst. In Zeiten von steigender Inflation solltest du jedenfalls dein Geld nicht einfach auf dem Sparkonto lassen und dich über passende Alternativen wie Aktien, ETFs, P2P-Kredite, Crowdfunding-Investments, Bitcoin und sonstige Anlagemodelle informieren, die einem Wertverfall vorbeugen.

Verantwortungsvoller Umgang mit Geld

Ein Samurai aus dem alten Japan würde unser heutiges Wirtschaftssystem, wonach für jede Dienstleistung ein Geldbetrag zu entrichten ist, ablehnen und wahrscheinlich auch nicht verstehen. Vielmehr glaubten die Samurai an einen Dienst, der ohne Geld und ohne Preis auskam. Denn der geistige Dienst, sei er von Samurai, Priestern oder Lehrern erbracht, war aus ihrer Sicht nicht in Geld und Gold aufzuwiegen. Nicht, weil er etwa wertlos war, sondern im Gegenteil, weil er von unschätzbarem Wert war.[1] So lehrt uns Bushidō eine wichtige wirtschaftliche Lektion, nach der Gehälter und Löhne nur für Dienstleistungen gezahlt werden können, die eindeutig, greifbar und messbar sind. Dienstleistungen hingegen, die der Entwicklung der Seele, dem Wohle der Gemeinschaft oder dem Schutz der Umwelt oder anderer Schutzloser dienen, sind oftmals nicht greifbar oder messbar - zumindest nicht aus einem wirtschaftlichen Standpunkt heraus. Es liegt an uns als Gesellschaft, welchen Wert wir einer Ware oder einer Dienstleistung zumessen und wie viel wir letztlich bereit sind zu zahlen. Dies bedeutet, dass du mit deinem Geld die Welt aktiv zum Guten oder Schlechten lenken kannst. Denn jedes Mal, wenn du Geld ausgibst, stimmst du ab und trägst zur Preisbildung bei. Das Geld in deinem Geldbeutel verleiht dir also ein mächtiges Instrument, welches du zum Guten einsetzen solltest. Ein Urban Samurai macht sich daher bewusst Gedanken darüber, wie er sein Geld einsetzt und für was er es ausgibt. Daher stelle dir, wenn du nächstes Mal Geld ausgibst, folgende

1 Nitobe, 2011, S. 85.

Frage: Wie viel bin ich bereit, für diese Ware/Dienstleistung zu zahlen und aus welchem Grund?

Durch die Beantwortung dieser simplen Frage kannst du dir über deine Überzeugungen, Werte und Prinzipien klarer werden. Rufe dir noch einmal die Wertspeicherungsfunktion von Geld ins Gedächtnis. Dein Geld ist nichts anderes als deine gespeicherte Lebenszeit und Arbeitskraft – zumindest dann, wenn du dir dein Geld durch Arbeit verdient hast. Andernfalls ist es zumindest die Lebenszeit und Arbeitskraft anderer Menschen. In Geld steckt also Energie – unsere Energie. Immer wenn du Geld ausgibst, tauscht du somit Energie gegen etwas anderes ein. Hast du dir schon einmal überlegt, wie viel deiner Lebenszeit in hundert Euro stecken? Wie viel Aufwand, Stress und verbrauchte Atemzüge stecken in dem Geld, das du gerade ausgegeben hast? Wenn du dir also Dinge kaufst, die du eigentlich gar nicht brauchst, oder dein Geld auf andere Art unnütz ausgibst, verschwendest du im Endeffekt nichts anderes als Lebenszeit! Zeit ist demnach nicht nur Geld, sondern Geld ist auch Zeit. Du bist folglich gut beraten, wenn du dir genau überlegst, wofür du dein Geld ausgibst.

Wie gehst du mit deinem Geld um? Nutzt du es als Werkzeug, um dein Leben aktiv zu gestalten, oder gibst du es unreflektiert aus und wunderst dich, warum am Ende des Geldes noch so viel Monat übrig ist? Um herauszufinden, welche Dinge du tatsächlich in deinem Leben brauchst, unterscheide zwischen dem,

- was du tatsächlich brauchst,
- was du gerne hättest und
- was du meinst, das du gerne hättest.

Was du tatsächlich brauchst, ist ein Ort zum Wohnen, Essen und Schlafen. Darüber hinaus benötigst du Nahrung sowie eine medizinische Grundversorgung. Bei großzügiger Auslegung des Notwendigen kann man den Zugang zu Kommunikationsmitteln noch hinzunehmen. Dies sind die Dinge, die unsere menschlichen Grundbedürfnisse befriedigen und daher vonnöten sind, um nicht zu sterben. Alles andere hättest du vielleicht gerne, es dient aber nicht zwingend deinem Lebenserhalt.

Bei der Frage, was wir brauchen, beziehungsweise meinen zu brauchen, spielen auch tief im Menschen verwurzelte Rituale zur Festlegung von unserem Status eine nicht unerhebliche Rolle. Durch bestimmte Statussymbole wie beispielsweise tolle Autos, eine teure Uhr oder ein eigenes Haus definieren wir unseren Platz und unsere Position in der Gesellschaft. Dieses Spiel um Status und Position innerhalb der gesellschaftlichen Rangordnung geht zurück bis zu den Anfängen der Menschheit. Bereits in grauer Vorzeit musste man sich gegenüber seinen Konkurrenten behaupten und beweisen, dass man überlebensfähig und somit ein guter Fortpflanzungspartner ist. Dies ist eine Art Urinstinkt, der mehr oder weniger unverändert fortbesteht und für Frauen und Männer gleichermaßen gilt.

Auch wenn wir es uns vielleicht oftmals nicht eingestehen wollen, basiert unsere Gesellschaft noch immer zu großen Teilen auf solchen evolutionären Spielregeln. Das ist der Grund, weshalb wir Status und Position nach wie vor kulturell honorieren und danach streben, von anderen unserer Art anerkannt und respektiert zu werden. Insofern verwundert es nicht, dass wir in gewisser Weise den Wunsch hegen, uns irgendwelche Dinge anzuschaffen, um den eigenen Wohlstand und die Position zu zeigen. Solange wir über die entsprechenden finanziellen Mittel verfügen, mag dieses Gebaren gut funktionieren. Sobald wir jedoch anderen Menschen gefallen oder ihnen imponieren wollen und deshalb Geld ausgeben, das wir gar nicht besitzen, sieht es schon anders aus. Im Übrigen lohnt es sich gar nicht, Menschen zu beeindrucken, die einen offenbar nur dann respektieren, wenn man gewisse Dinge besitzt.

Ein Urban Samurai entzieht sich diesem negativen Mechanismus. Geld kann ein mächtiges Werkzeug sein und für viele gute Dinge eingesetzt werden, wenn du das System durchschaust. Warum Geld und Lebenszeit verschwenden, um sich sinnlose Dinge zu kaufen, nur um irgendjemandem zu gefallen? Das ergibt keinen Sinn.

Bedauerlicherweise ist unser System genau auf diesen sinnlosen Konsum ausgerichtet und setzt mit der Werbeindustrie alles daran, uns glauben zu machen, dass wir bestimmte Produkte oder Dienstleistungen brauchen, um anerkannt und respektiert zu werden oder ein glückliches Leben führen zu können. Einen neuen Höhepunkt hat diese perfide Strategie durch sogenanntes Influencer-Marketing in den sozialen Medien erreicht. Dort zeigen uns perfekte Menschen, was für ein perfektes Leben sie führen, welche tollen Produkte sie hierfür benutzen, welche fantastischen Reisen sie machen und so weiter. Das meiste hiervon ist aber nicht echt und mehr Schein als Sein. So werden uns während unserer Zeit vor dem Bildschirm vermeintliche Wünsche und Begierden eingepflanzt. Viele Dinge, von denen wir uns einbilden, sie unbedingt haben zu müssen, entspringen gar nicht unserem eigenen Willen, sondern einer Manipulation von außen.

Ein Urban Samurai durchschaut dieses Spiel und holt sich seine Eigenständigkeit und seinen eigenen Willen zurück. Haben oder Sein? Befreie dich vom Zwang zu konsumieren, um Status, Prestige und Anerkennung zu erlangen. Diese

Dinge erreichst du auf diese Art nicht. Gehe klug und verantwortungsbewusst mit deinem Geld um. Nutze das dir zur Verfügung stehende Geld als dein Schwert. Jedes Mal, wenn du etwas mit deinem Geld kaufst, triffst du eine Entscheidung. Eine Entscheidung, die etwas Gutes oder etwas Schlechtes bewirken kann. Kaufst du beispielsweise immer Billigfleisch, bestärkst du das System und die Produzenten, auch weiterhin zugunsten des Preises auf Tierwohl und artgerechte Haltung zu verzichten. Kaufst du hingegen hochwertiges Fleisch von Tieren, die ihr Leben nicht auf einem einzigen Fleck verbringen mussten, schwächst du die Produzenten von Billigfleisch und stärkst den Ausbau von tiergerechter Haltung. Menschen, denen wir unser Geld geben, geben wir Macht, Energie und Einfluss.

Wenn du dein Geld ausgibst, solltest du dich daher immer fragen, ob der Kauf dich, die Gesellschaft oder die Umwelt auf irgendeine Art weiterbringt oder ob er vielleicht sogar das Gegenteil bewirkt und schädlich ist, weil die falschen Menschen hierdurch weiter an Macht und Einfluss gewinnen. Geld ist gespeicherte (Lebens-)Energie. Setze diese Energie für eine bessere Zukunft ein. Stelle dir daher vor einem Kauf folgende zwei Fragen:

- Brauche ich das oder will ich es nur gerne haben?
- Schade ich mit diesem Kauf ganz offensichtlich irgendjemandem auf der Welt?

Durch das konkrete Hinterfragen kannst du dein eigenes Konsumverhalten analysieren und durch neue bewusste Handlungsstrukturen ersetzen. Wenn du zum Ergebnis gelangst, dass du die Sache nicht brauchst, aber trotzdem gerne hättest, kannst du dir ergänzend noch die Frage stellen, ob es einen triftigen und guten Grund für dich gibt, das Produkt oder die Dienstleistung zu kaufen. Auch könntest du dich fragen, ob der Kauf dich persönlich weiterbringen wird oder dich glücklich machen wird, und falls ja, wie lange dieser Zustand wohl anhalten wird. Wenn du dein eigenes Verlangen und Verhalten auf diese Weise analysiert hast und du das Produkt nach wie vor erwerben möchtest, dann spricht nichts dagegen. Denn in diesem Fall hast du eine bewusste und eigenständige Entscheidung getroffen.

Reflexionsfragen

- Für was gibst du dein Geld aus? Hast du einen Überblick über deine Ausgaben?
- Was war das Letzte, das du dir gekauft hast? Warum hast du dir diese Sache gekauft?
- Was war das Letzte, das du gekauft hast, aber eigentlich gar nicht gebraucht hast?
- Was war das Letzte, das du gekauft, eigentlich nicht gebraucht hast und das dir nach wie vor Freude bereitet?

Herausforderung

- Verschaffe dir einen Überblick über deine Finanzen und insbesondere über deine Ausgaben. Hierfür kannst du entweder Finanz-Apps oder analoge Bücher zur Haushalt- und Finanzführung verwenden.
- Wende die Fragen, die du in diesem Kapitel kennengelernt hast, vor deiner nächsten größeren Anschaffung an.

8

Was für eine Verschwendung – Konsum

»Ich, alles, jetzt!« Dieser Satz beschreibt unsere Welt, in der es nur noch wenige sinnstiftende Ideale gibt und sich ein jeder selbst der Nächste ist. Das einzelne Ego steht im Zentrum des Geschehens unter Ausschluss aller anderen. Nach mir die Sintflut. Wir wollen Dinge besitzen und sind auf schnelles Vergnügen aus. Ob dabei jemand zu Schaden kommt, interessiert hierbei nicht. Hat eine Sache ihren Reiz verloren oder gibt es etwas Besseres, wird sie eben weggeschmissen und etwas Neues gekauft. Das mag sich jetzt vielleicht etwas hart und überspitzt anhören, aber schaut man sich in den Industrienationen um, so scheint dieser Geist umherzuwandern. Nicht umsonst spricht man von der sogenannten Wegwerfgesellschaft.

Schon lange geht es nicht mehr um die Frage, was gut für den Menschen ist, sondern vielmehr darum, was gut für das Wirtschaftswachstum ist. Dabei wird gerne verdrängt, dass dieses Streben nach immer mehr Besitz, Vergnügen und unaufhörlichem Wirtschaftswachstum oftmals auf den Schultern von Billiglohnarbeitern und Sklaven ausgetragen und unser Planet dadurch immer weiter zerstört wird. Schaut man sich die Daten der letzten Jahrzehnte an, könnte man zum Ergebnis kommen, dass der Mensch der Natur den Krieg erklärt hat. Die Menschheit hat seit 1970 etwa 60 Prozent aller Säugetiere, Vögel, Fische und Reptilien ausgerottet. Die Ernährungs- und Landwirtschaftsorganisation der Vereinten Nationen (FAO) schätzt, dass seit 1990 weltweit 4,2 Millionen Quadratkilometer Wald – also nicht nur tropische

Regenwälder – abgeholzt wurden. Das ist knapp 12-mal die Fläche Deutschlands. Die Waldfläche der Erde beträgt heute noch 40,6 Millionen Quadratkilometer, das heißt, etwa 10 Prozent der Waldfläche der Erde wurden in den letzten 30 Jahren abgeholzt.[1]

Darüber hinaus schuften viele Millionen Menschen als eine Art moderne Sklaven für die Bedürfnisse der westlichen Konsumgesellschaften. Man denke nur an die vielen Elektrogeräte, in denen eine Vielzahl von seltenen Metallen und Rohstoffen verbaut ist. Smartphones enthalten beispielsweise Erze, die überwiegend von Kindersklaven aus Minen im afrikanischen Kongo gewonnen werden. Unser unstillbarer Durst nach immer mehr Konsum hat uns blind gemacht für die Tatsache, dass die Naturschätze eines Tages zur Neige gehen, die negativen Folgen und Auswirkungen unseres Handelns aber nicht mehr rückgängig gemacht werden können.

Kennst du das Gefühl, dass dir etwas fehlt und du dir irgendetwas kaufst, um dieses Gefühl zu betäuben? Kurzzeitig scheint der Kauf einer Sache oder ein sonstiges Vergnügen Linderung zu bringen. Aber schnell bemerkt man, dass das nicht ausreicht. Die Linderung klingt schnell ab und das Gefühl der Leere setzt wieder ein.

Unter anderem versuchen uns auch Social Media das Gefühl zu vermitteln, dass uns etwas fehlt, was wir unbedingt brauchen. Erfolgreich und begehrt ist nur, wer die neuste Kleidung trägt, die neuesten technischen Gadgets hat, Sportwägen oder SUV fährt oder mehrmals im Jahr in die Südsee fliegt. Wusstest du, dass Social Media, allen voran Facebook und Instagram, zwei Primärziele verfolgen? Das erste Ziel

1 https://www.faszination-regenwald.de/info-center/zerstoerung/flaechenverluste (abgerufen am 03.08.2023)

besteht darin, den Nutzer möglichst lange auf der Plattform zu halten, damit er dort Werbung konsumieren kann. Das zweite Ziel besteht darin, den Nutzer unzufrieden zu machen, damit er die beworbenen Produkte oder Dienstleistungen kauft. Denn wer glücklich und zufrieden ist, der wird für gewöhnlich weniger kaufen, da sein Bedürfnis zu konsumieren geringer ist. Mache dir bewusst, dass nicht du als Nutzer Kunde von Instagram und Co. bist, sondern die Firmen, die Social Media als Werbeplattform benutzen. Ein Weg hin zu begrenztem Konsum und einem glücklicheren Leben besteht somit schlicht darin, weniger Zeit auf Social Media zu verbringen und sich keine künstlichen Bedürfnisse einreden zu lassen.

Das Wirtschaftssystem ist auf permanentes Wachstum gerichtet. Dabei zeigt die Natur, dass ungebändigtes Wachstum zu Krebs und somit zum Verfall führt. Nachdem die Ressourcen auf unserem Planeten endlich sind und die unglaublichen Mengen an Müll unsere Welt verschmutzen, stellt sich die Frage, wie wir unseren Konsum nachhaltiger gestalten können. Antwort könnten wir im Japan der Samurai-Zeit finden, genauer gesagt in der Edo-Zeit, also der Zeit, in der Japan 250 Jahre abgeschottet vom Rest der Welt unter der Herrschaft des Shōguns eine kulturelle Blütezeit erlebte. Aufgrund dieser rigorosen Abschottung musste Japan auf seine eigenen Ressourcen zurückgreifen, da von außen kaum Rohstoffe importiert wurden. In dieser Zeit entstand das Konzept des »Nicht-Verschwendens«, das einen verantwortungsvollen Umgang mit den Ressourcen gewährleistete. Dieses Konzept trägt philosophische Züge und wird als *Mottainai* もったいない bezeichnet. Hierunter verstehen die Japaner eine Wertschätzung und Respekt gegenüber unseren Ressourcen. Mottainai drückt ein Gefühl des Bedauerns über die Verschwendung einer Ressource aus, unabhängig davon, ob es sich um Rohstoffe, Güter oder aber Zeit handelt. Wahrscheinlich geht dieses Konzept auf den Zen-Buddhismus zurück, dem zufolge nichts als selbstverständlich anzusehen ist und der Mensch daher dankbar für das ihm Gegebene sein sollte. In diesem Sinne bringt Mottainai auch das Gefühl zum Ausdruck, etwas ungenutzt gelassen oder gar verschwendet zu haben. In der damaligen Zeit war es keineswegs eine abstrakte Einstellung, sondern trug ganz konkret dem Umstand Rechnung, dass landesweit Knappheit an Ressourcen herrschte. Aus dieser Not heraus entwickelte sich ein geschicktes System der Wiederverwertung und der effizienten Nutzung der vorhandenen Rohstoffe.

Mottainai zeichnet sich durch die 3R-Aktivitäten aus:

- Reduzieren
- Reparieren
- Recyceln

Reduzieren bedeutet, weniger zu konsumieren und genauer zu hinterfragen, was wir wirklich benötigen und was nicht. Sei ehrlich, lässt du nicht auch ab und zu den Wasserhahn beim Zähneputzen laufen oder kaufst zu viel Lebensmittel, die dann hinterher im Müll landen? Wie viele alte, aber noch funktionsfähige Smartphones liegen bei dir in der Schublade? Mottainai! Was für eine Verschwendung!

Reparieren bedeutet das Gegenteil von Wegwerfen. Ist etwas kaputt, lässt es sich oftmals reparieren. Wir als Gesellschaft sollten uns der Industrie entgegenstellen, die kein Interesse daran hat, dass Produkte repariert werden. Wie sieht es bei dir aus? Schmeißt du auch des Öfteren Dinge weg, die man eigentlich noch hätte reparieren können? Mottainai! Was für eine Verschwendung!

Das dritte R ist vor allem uns Deutschen wohlbekannt. Es

steht für Recycling. Recycling bedeutet, den Müll zu trennen, um die einzelnen Bestandteile einer Wiederverwertung zuzuführen. Wie gewissenhaft trennst du deinen Müll? Sortierst du deinen Müll nach Glas, Plastik, Papier, biologischem Abfall und Sonstigem oder kommt bei dir alles in die gleiche Tonne? Falls Letzteres zutreffen sollte, ahnst du es bereits: Mottainai! Was für eine Verschwendung!

Die im Jahre 2011 verstorbene kenianische Friedensnobelpreisträgerin und Umweltschutzaktivistin Wangari Maathai[1] machte das Konzept des Mottainai einer breiteren Masse bekannt und fügte ein weiteres R hinzu. Das vierte R steht für Respekt. Während die ersten drei R ein Handeln beschreiben, beschreibt das vierte R eine Einstellung oder ein Gefühl. Respekt beinhaltet Wertschätzung, Achtung, Rücksicht und Demut. All dies sind Tugenden die einem Urban Samurai gut zu Gesicht stehen. Mottainai zeichnet sich durch den Respekt vor unserer Umwelt und den Ressourcen, die sie uns zur Verfügung stellt, aus. Mottainai meint die Wertschätzung aller Dinge und steht damit im direkten Gegensatz zur modernen Wegwerfgesellschaft. Mottainai lehrt uns, dass ein jeder Einzelne dazu beitragen kann, unsere Umwelt zu schützen und dafür zu sorgen, dass die Welt ein lebenswerter Ort bleibt. Mottainai lässt uns kreativ werden und überlegen, wie wir weniger verschwenderisch leben können. Es erinnert uns daran, dass nichts auf dieser Welt unendlich ist.

1 Wangari Maathai (1940–2011) war eine kenianische Umweltaktivistin, Frauenrechtsaktivistin und Politikerin. Sie war die erste afrikanische Frau, die den Friedensnobelpreis (2004), für ihre Arbeit im Bereich der nachhaltigen Entwicklung, Demokratie und Friedenssicherung, erhielt.

Reflexionsfragen

- Woher stammt das Obst und Gemüse aus deinem letzten Wocheneinkauf?
- Schreibe fünf Wege auf, wie du in deinem Alltag Ressourcen sparen kannst.
- Was war die letzte Sache, die du repariert hast oder in Reparatur gegeben hast?
- Wann hast du zum letzten Mal etwas weggeschmissen, obwohl man es noch hätte verwenden oder reparieren können?
- Was war das Letzte, was du dir gekauft hast und wobei sich im Nachhinein schnell rausgestellt hat, dass du es überhaupt nicht brauchst?

Herausforderung

- Versuche bei deinem nächsten Einkauf, auf so viel Plastik wie möglich zu verzichten.
- Versuche einen Lebensmitteleinkauf zu tätigen, bei dem alles, was du kaufst, ausschließlich in Deutschland hergestellt oder erzeugt wurde.
- Schau dir die nächste kaputte Sache, die du wegschmeißen willst, genau an und prüfe, ob man sie nicht doch reparieren kann.

SHIN-GI-TAI

心
技
体

SHIN
Geist

心

9

Das halb volle Glas – Glaubensgrundsätze & Affirmationen

Nachdem du in den letzten Kapiteln die geistige Einstellung des Urban Samurai kennengelernt hast, geht es nun an die tatsächliche Umsetzung des Shin-Gi-Tai-Prinzips. In den folgenden Kapiteln wirst du erfahren, wie du aktiv an dir arbeiten kannst, um ein friedvoller Krieger zu werden. Du wirst Meditations- und Achtsamkeitsübungen für den Geist, Fitness- und Ernährungstipps für den Körper sowie die richtige Einstellung und Techniken erlernen, um dich gegen körperliche oder verbale Angriffe verteidigen zu können.

Wenn du dir Veränderung in deinem Leben wünschst, dann muss diese Veränderung von dir ausgehen. Nicht umsonst sagte Gandhi, dass man selbst der Wandel sein soll, den man sich für diese Welt wünscht. Du wiederum beeinflusst dann andere Menschen und die Welt, in der du lebst. Umso wichtiger ist es, dass du selbst gute Werte vertrittst und deine Ziele klar benennen und verfolgen kannst. Denn wenn du schon selbst nicht daran glaubst, dass der Kriegergeist in dir erwacht ist und du fortan auf dem dir bestimmten Pfad schreitest, wird es dir erst recht nicht gelingen, andere zu beschützen, zu überzeugen oder die Welt zu einem besseren Ort zu machen. Der erste Schritt in deinem Training besteht daher darin, dir deiner Glaubensgrundsätze gewahr zu werden und das Krieger-Mindset zu erlangen. Mache dir zunächst einmal klar, was deine Glaubensgrundsätze sind. Ist ein zur Hälfte gefülltes Glas bei dir halb voll oder halb leer?

Wenn das Glas bei dir halb leer ist, ist die Wahrscheinlichkeit hoch, dass du deinen Fokus und deine Wahrnehmung bislang eher auf die negativen Dinge in deinem Leben gelegt hast. Unsere Gedanken beeinflussen unsere Gefühle und somit die Art und Weise, wie wir die Welt wahrnehmen. In gewisser Weise erschaffen wir dadurch eine sich selbst erfüllende Prophezeiung. Wenn du so willst, lebst du daher in genau der Welt, die du dir selbst erschaffen hast. Denn das Glas könnte eben auch noch halb voll, anstatt schon halb leer sein. Du bist es, der Lebenssituationen so bewertet, dass diese deiner bereits vorgefertigten Überzeugung entsprechen. Das ist natürlich nicht immer der Fall, aber wenn du darüber nachdenkst, wirst du sicher merken, dass die Aussage nicht ganz falsch ist. Eine sich selbst erfüllende Prophezeiung muss erst mal nichts Schlechtes sein, aber es ist natürlich von Nachteil, wenn die schlechten Gedanken unsere positiven Gedanken überwiegen. Denn dann liegt unser Fokus nicht mehr darauf, unsere Lebenszeit bestmöglich zu nutzen und sich an ihr zu erfreuen, sondern vielmehr auf Ängsten, Sorgen und Problemen. Dies bedeutet nicht, dass wir uns nicht auch damit befassen sollten. Natürlich gehören auch Schwierigkeiten und negative Erfahrungen zum Leben dazu. Vielmehr geht es darum, sich nicht darauf zu versteifen und sich nicht nur um sie zu drehen, anstatt zu versuchen, Ängste abzubauen, Sorgen zu lindern und Probleme zu lösen. Am besten gelingt dir das, wenn du dich positiv einstellst und dir klarmachst, dass Probleme und Rückschläge dazu da sind, sie zu überwinden, und dass sie dich letztlich stärker machen. Mit einem positiven Mindset sorgst du dafür, dass du eine sich selbst erfüllende Prophezeiung kreierst, die dir zum Vorteil gereicht und dich zu einem besseren Menschen werden lässt. Auf diese Weise entkommst du dem Kreislauf der Negativität und erschaffst eine Realität, in der dir vermehrt gute Dinge widerfahren. Wenn ein Samurai in ein Duell oder eine Schlacht ging, so musste er auch völlig überzeugt sein, dass er als Sieger vom Platz geht. Andernfalls hätte er sich auch gleich für geschlagen erklären können – mit allen Folgen bis hin zum rituellen Selbstmord.

Nun stellt sich nur noch die Frage, wie man es schafft, ein solches Krieger-Mindset zu bekommen. Geht es dir manchmal so, dass du deine Ziele nicht erreichst, obwohl du es doch so sehr willst? Vielleicht liegt dies daran, dass du dir das zwar wünschst, aber tief im Inneren selbst nicht daran glaubst, diesen Wunsch oder dieses Ziel jemals zu erreichen. Es mag sich zugegebenermaßen nach einer esoterischen Floskel anhören, aber oftmals (nicht immer) liegt das Geheimnis der Erfüllung eines Wunsches im unverfälschten und ehrlichen Glauben daran, dass dieser in Erfüllung gehen wird. Jeder von uns trägt Glaubensgrundsätze in sich. Von manchen wissen wir, andere wiederum sind so tief in unserem Unterbewusstsein verwurzelt, dass wir diese gar nicht aktiv als solche wahrnehmen. Leider sind solche unterbewussten Glaubensgrundsätze nicht immer positiv. Wenn einem Kind stets suggeriert wird, dass es dies und jenes nicht schaffe, wird daraus ein mangelndes Selbstvertrauen resultieren und Selbstzweifel ein steter Begleiter werden. Ist man als Elternteil übervorsichtig und lehrt das Kind, immer den sichersten Weg zu gehen, besteht die Gefahr, dass das Kind einen ängstlichen Charakter entwickelt und keinerlei Wagnisse oder Neuerungen in seinem Leben zulassen wird. Ein Kind, das hingegen maßvoll motiviert wird, seinen Weg zu gehen und Widrigkeiten zu trotzen, und das im Glauben aufwächst, stets beschützt zu sein, wird auch als Erwachsener seinen Weg gehen, weil es den Glaubensgrundsatz in sich trägt, alles schaffen zu können und dass alles gut werden wird.

Es gibt bestimmte Arten, wie ein Samurai sein Kind erziehen soll. Zuerst, baue seinen Mut auf. Nicht ein einziges Mal drohe ihm oder täusche es. Ein einmal zur Furchtsamkeit erwecktes Herz verlässt das Kind nie mehr bis ans Ende seiner Tage, es bleibt bei ihm als sein wesentliches Manko. Dumme Eltern schüchtern ihre Kinder bei Donnergroll ein, machen ihnen Angst vor der Dunkelheit und erzählen schreckliche Geschichten; dadurch begehen sie unverzeihliche Fehler in der Kindeserziehung.

Hagakure

Jeder von uns trägt bewusst oder unbewusst positive wie auch negative Glaubensgrundsätze in sich. Negative Glaubensgrundsätze können beispielsweise sein:

- Ich brauche XY, um glücklich zu sein.
- Ich kann nichts.
- Ich bin hässlich.
- Ich werde krank werden.
- Ich werde niemals gesund werden.
- Ich werde niemals erfolgreich sein.
- Früher war alles besser.
- Das war nur Glück.
- Ich werde vom Pech verfolgt.
- Ich freue mich besser nicht zu früh.

Erkennst du dich in einigen dieser Glaubensgrundsätzen wieder? Oftmals leben wir nach ihnen, ohne uns darüber im Klaren zu sein. Wir fragen uns dann, warum ausgerechnet uns schlechte Dinge passieren, während bei anderen das Glück und der Erfolg an die Türe zu klopfen scheinen. Denke an den Samurai zurück, der vor dem Kampf der festen Überzeugung ist, diesen zu überleben und als Sieger herauszugehen. Wenn du dir vor der Klausur einredest, dass das sowieso nichts wird, dann spricht eine gewisse Wahrscheinlichkeit dafür, dass du die Klausur auch tatsächlich in den Sand setzt.

Ist das Glas halb voll oder halb leer? Wie schätzt du deine Glaubensgrundsätze selbst ein? Eher positiv oder eher negativ? Schaffst du das oder schafft das kein Mensch? War früher alles besser oder steckt die Zukunft voller Chancen? Frage deine Familie oder Freunde, wie sie dich einschätzen, und achte selbst bewusst darauf, welche Einstellung du an dir beobachten kannst.

Die gute Nachricht ist, dass sich Glaubensgrundsätze ändern und eintrainieren lassen. Da Glaubensgrundsätze tief in unserem Unterbewusstsein verankert sind, hilft die Methode Willenskraft hierbei aber oftmals nicht oder jedenfalls nicht dauerhaft weiter. Jeder, der schon einmal mit dem Rauchen aufhören wollte, wird das bestätigen können. Man will aufhören, weil man um die schädlichen Folgen weiß. Also beschließt man nicht mehr zu rauchen. Schließlich möchte man ja gesund bleiben und nicht an Krebs oder einem Herzinfarkt sterben. Einige Tage geht dies auch gut, bis Willenskraft und Motivation aufgebraucht sind. Dann braucht es nur noch einen schwachen Moment und man hängt wieder am Glimmstängel. Denn tief im Inneren hatte man nie richtig aufgehört. Man wollte zwar Nichtraucher sein, glaubte aber so richtig nicht wirklich daran. »War ja klar, dass das nicht klappt!« kommt einem dann in den Sinn. Die meisten Raucher kommen erst dann dauerhaft von der Zigarette weg, wenn sie wirklich daran glauben und innerlich fest überzeugt sind, nicht mehr rauchen zu wollen. An diesem Beispiel zeigt sich sehr schön der Unterschied zwischen Willenskraft und wirklicher Überzeugung.

Du kannst deine Glaubensgrundsätze ändern, indem du dich der Kraft deines Unterbewusstseins bedienst. Denn dieses lässt sich gezielt durch Autosuggestion und Affirmationen beeinflussen. Auf diesen Wegen kannst du dir selbst Botschaften senden. Eine positive Affirmation ist ein positiver Glaubensgrundsatz, wie beispielsweise:

- Ich bin der geborene Sieger.
- Ich kann alles schaffen.
- Ich ziehe Geld magisch an.
- Ich bin gesund und fit.
- Ich bin gesegnet.
- Nächstes Mal schaffe ich es.
- Das Glück ist mir hold.
- Es wird alles gut werden.
- Ich bin schön, wie ich bin.
- Ich brauche nicht viel, um glücklich zu sein.

Die Anwendung von Affirmationen ist eine sehr effektive Technik, um das Unterbewusstsein und die darin verankerten Glaubensgrundsätze umzuprogrammieren. Es handelt sich hierbei um einfache Sätze, die man immer wieder wiederholt, bis diese zu Glaubenssätzen werden. Je öfter wir eine Botschaft hören, desto wahrscheinlicher ist es, dass wir sie als wahre Aussage übernehmen, ohne sie weiter zu hinterfragen. Im Volksmund heißt es, dass man früher oder später alles glaubt, wenn man es sich nur oft genug einredet. Genauso ist es! Auch wer sich eine Lüge immer wieder erzählt, wird sie schließlich irgendwann für wahr halten. Zeugen sind vor Gericht meist ein schlechtes Beweismittel, da der Mensch sogar dazu in der Lage ist, sich künstliche Erinnerungen einzureden, die nichts mit dem tatsächlich Erlebten zu tun haben. Der Mensch ist somit ein Resultat der Gedanken, denen er gestattet, seinen Geist zu beherrschen, und erschafft sich auf diese Weise seine eigene Realität. Damit eine Affirmation ihre Wirksamkeit entfaltet, muss sie immer und immer wieder wiederholt werden. Durch dieses ständige Wiederholen werden die Affirmationssätze vom Unterbewusstsein irgendwann als wahr akzeptiert, wodurch ein neuer Glaubensgrundsatz entsteht. Falls du hieran Zweifel hast, dann denke an den Placebo-Effekt. Hierbei verabreicht man kranken Menschen Tabletten, die in Wirklichkeit keinerlei Wirkung haben, und erzählt den Patienten, dass die eingenommene Medizin sie heilen oder ihre Schmerzen lindern wird. Erstaunlicherweise tritt dieser Effekt der Heilung oder Linderung oftmals ein. Dabei ist das rein physiologisch gar nicht möglich, da in den verabreichten Medikamenten kein Wirkstoff enthalten ist. Der Placebo-Effekt ist somit der beste Beweis, wie der Glaube im wahrsten Sinne Wunder vollbringen kann. Es ist also Zeit, dir ein Krieger-Mindset zuzulegen. Um dies zu erreichen, könntest du dich beispielsweise nachfolgender Affirmation des Urban Samurai bedienen:

Ich bin ein Urban Samurai.
Meine tägliche Praxis bereitet mich vor
und führt mich auf dem Weg.
Ich bin ein Urban Samurai.
Ich beschreite meinen eigenen Pfad.
Ich bin ein Urban Samurai.
Ich strebe danach, besser zu werden.
Ich bin ein Urban Samurai.
Ich bin offen für die Wunder dieses Lebens.
Ich bin ein Urban Samurai.
Ich stärke meine Ki-Energie.

Ich bin ein Urban Samurai.
Ich bin wertvoll, wie ich bin.
Ich bin ein Urban Samurai.
Ich akzeptiere den Tod.
Ich bin ein Urban Samurai.
Ich erfreue mich an jedem neuen Tag.
Ich bin ein Urban Samurai.
Ich konsumiere nur, was ich brauche.

Ich bin ein Urban Samurai.
Ich trainiere Körper und Geist.
Ich bin ein Urban Samurai.
Ich beschütze die Schwachen.
Ich bin ein Urban Samurai.
Ich bin ein Krieger, ein Beschützer.
Ich bin ein Urban Samurai.
Ich bin hier, um Gutes zu erschaffen.
Ich bin ein Urban Samurai.
Ich sehe Hindernisse als Chance, zu wachsen.

Ich bin ein Urban Samurai.
Nichts kann mich aufhalten.

Natürlich kannst du dir aber auch eigene individuelle Affirmationen ausdenken. Hierbei musst du lediglich einige wenige Dinge beachten:

- Überlege dir zunächst ein Ziel, das du erreichen willst. Abhängig von diesem Ziel formulierst du deine Affirmation. Achte darauf, deine Affirmationen positiv zu formulieren. Also »Ich bin gesund und fit« anstatt »Ich werde nicht krank«.
- Weiterhin sollten deine Affirmationen dein Tun und

dein Handeln zum Inhalt haben. Suggeriere dir also dein eigenes Verhalten. Anstatt der Affirmation »Bald kann ich den Spagat« nutze besser »Ich dehne mich täglich und werde Ende des Jahres den Spagat können«. Diese Affirmation ist positiv formuliert (1) und beschreibt dein Verhalten (2) bis zum Erreichen des Ziels zu einem bestimmten Zeitpunkt (3).

- Bei Zielaffirmationen ist ein weiterer wichtiger Punkt, dass du auf die Erreichung des Ziels möglichst Einfluss haben solltest und das Ziel auch tatsächlich erreichbar sein sollte. Die Affirmation »Ich werde Astronaut«, obwohl du schon über vierzig und gelernter Friseur bist, ist daher in einem solchen Fall nicht zu empfehlen, da sie nicht ernsthaft ist. Anders sieht es natürlich aus, wenn du ein Teenager bist und Astronaut tatsächlich dein Berufswunsch ist. Dann kannst du dieses Ziel auch erreichen und buchstäblich zu den Sternen fliegen.

Lass dir mit der Ausarbeitung deiner Affirmationen Zeit, und versuche nicht, gleich die perfekten und endgültigen Affirmationen zu entwickeln. Auch dies ist ein Prozess. Suche dir Sätze, die sich für dich gut und stimmig anhören. Du kannst mit einem verallgemeinernden Glaubenssatz wie beispielsweise »Ich kann alles schaffen!« beginnen und ausprobieren, wie sich dieser Satz anfühlt. Wenn du merkst, dass sich dieser Satz nicht gut anfühlt, dann modifiziere ihn und passe ihn deinen Bedürfnissen an. Vielleicht konkretisierst du ihn auf eine bestimmte Sache, die du schaffen willst. So könnte die Affirmation lauten: »Ich werde jeden Morgen um 7:00 Uhr mein Sporttraining durchführen.« Arbeite also so lange an deinen Affirmationen, bis du deine jeweilige Absicht wirkungsvoll herauskristallisiert hast und die Botschaft so in dein Unterbewusstsein getragen werden kann.

Nachdem du deine Affirmationen ausgearbeitet und auf einen Zettel geschrieben hast, brauchst du nichts weiter zu tun, als dir diese Sätze jeden Tag – am besten laut – vorzulesen. Wenn du nur wenige Affirmationen hast, dann sage dir jeden Satz fünfmal hintereinander auf. Hast du mehrere Affirmationen, dann sprich jede Affirmation zumindest dreimal aus. Für das Aufsagen der Affirmationen bietet sich die Zeit nach dem Aufstehen oder vor dem Schlafengehen an. Falls du morgens meditierst, könntest du die Affirmationen vor oder nach der Meditation aufsagen. Affirmationen lassen sich daher sehr gut in eine Morgen- oder Abendroutine einbetten. Beim Sprechen kannst du versuchen, deine Stimme und deine Betonung zu verändern und deine Stimme positiv aufzuladen. Zudem kannst du bestimmte Affirmationen mit unterschiedlichen Körperbewegungen und Gesten verbinden. Wenn deine Affirmation beispielsweise lautet, dass du tapfer kämpfen wirst, dann könntest du hierzu immer die Fäuste ballen. Wenn deine Affirmation hingegen lautet, dass du der geborene Sieger bist, könntest du deine Arme in die Höhe strecken und so weiter. In jedem Fall aber solltest du dein Ziel beim Aufsagen der Affirmation vor deinem geistigen Auge visualisieren und den Gedanken positiv aufladen. Leiere die Worte nicht einfach herunter, sondern glaube daran, was du dir sagst. Das Unterbewusstsein reagiert am besten auf emotional aufgeladene Gedanken.

Je öfter und länger du die Affirmationen aussprichst, desto schneller wirst du dich verändern und Erfolge bemerken. Wie bei fast allem, ist aber auch hier die Regelmäßigkeit von entscheidender Bedeutung. Auch wenn es sich zu Beginn komisch anfühlen mag, gib nicht gleich auf. Denke an den Anfängergeist. Probiere es zumindest einmal einen Monat lang aus und entscheide dann, ob du weitermachst oder nicht.

Reflexionsfragen

- Würdest du dich als optimistischen oder pessimistischen Menschen bezeichnen?
- Warum, denkst du, ist dies so?
- Schreibe fünf Glaubensgrundsätze auf, die dein Leben bestimmen.
- Bist du mit diesen Glaubensgrundsätzen einverstanden, oder würdest du sie gerne ersetzen?

Herausforderung

- Erstelle dir Affirmationen und sprich dir diese mindestens einen Monat lang morgens und/oder abends vor.

10

Der Blick hinter das Ich – Meditation

In diesem Kapitel wirst du Meditationstechniken kennenlernen, die dir erlauben, einen klaren Fokus in dein Leben zu bringen und mehr nach der Existenzweise des »Seins« zu leben.

Meditation diente den Samurai dazu, Klarheit und Stärke zu gewinnen. Ihre Meditation geht auf sehr alte Lehren zurück, die ihren Ursprung im Buddhismus und Shintoismus haben. Ein zentrales Element dabei war für sie die Befreiung des Geistes, denn für die Krieger, die auf dem Schlachtfeld dem Tod gegenüberstanden, war ein klarer und von Angst befreiter Geist essenziell.

Glücklicherweise müssen wir heutzutage meist nicht mehr den Tod auf dem Schlachtfeld fürchten. Jedoch hat sich auch der Urban Samurai herausfordernden Situationen zu stellen, seien diese beruflicher oder privater Natur. Manchmal kann es sogar vorkommen, dass man in eine Situation gerät, in der tatsächlich das eigene Leben in Gefahr ist. Insofern ist das Klären und die Stabilisierung des Geistes durch die Meditation für den friedvollen Krieger unserer Zeit genauso bedeutsam wie für die Samurai damals.

Darüber hinaus hat regelmäßiges Meditieren weitere Vorzüge, nicht zuletzt in gesundheitlicher Hinsicht. Es wirkt sich positiv auf den gesamten Organismus aus, senkt den Blutdruck und die Stresshormone im Blut, kurbelt das Immunsystem an und unterstützt das Verdauungssystem. Außerdem regt regelmäßiges Meditieren die Neuroplastizität des Gehirns an und schafft neue Nervenverbindungen. Daher wird es bei Depressionen, Angstzuständen und zur Bekämpfung von Suchtverhalten eingesetzt. Auch geht man davon aus, dass Meditation die Konzentrationsfähigkeit und Kreativität steigert. All diese positiven Aspekte sollen aber nicht darüber hinwegtäuschen, dass Meditation grundsätzlich kein Ziel verfolgt, sondern eine absichtslose Praxis ist. Es gibt nichts zu gewinnen. Nichts zu erreichen. Die japanischen Zen-Mönche nennen diese Absichtslosigkeit *Mushotoku* 無所得.

Zen

Zen entstammt dem Buddhismus, ist aber nicht zwangsläufig an ein bestimmtes Dogma oder an einen Glauben gebunden. Der Begriff Zen kann als »Meditation« oder »Versenkung« übersetzt werden und die Meditation ist die zentrale Praxis dieser Richtung. Zen betont die Bedeutung von direkter Erfahrung und spontaner Handlung, anstatt auf Wissen und intellektuelle Konzepte zu vertrauen. Der Ursprung des Zen liegt in China, gleichwohl verbreitete es sich schnell in Japan und ganz Asien. Heutzutage wird Zen weltweit praktiziert.

Meditation ist ein Oberbegriff für zahlreiche Methoden der Geistesschulung. Die Gedanken sollen zur Ruhe gebracht und der Geist fokussiert werden. Es handelt sich um einen Zustand jenseits des Denkens und Fühlens. Meditation eröffnet die Möglichkeit, hinter das eigene »Ich« zu blicken und die Existenzweise des Seins kennenzulernen – also eine Ebene unserer selbst, die sich nicht über äußere Dinge definiert. Denn das, was wir als unser Ich definieren, ist nichts weiter als der Schnittpunkt unserer Gedanken, Gefühle, Begierden und Emotionen. Nach dem Benediktiner-Mönch und Zen-Meister Willigis Jäger ist unser Ich lediglich ein System, das Informationen verarbeitet. Es fügt Wahrnehmungen aus dem Gedächtnis und dem Augenblick zusammen und täuscht so eine gewisse Permanenz vor.[1] Es kreiert eine ganz bestimmte Wahrnehmung, die es uns ermöglicht, uns in dieser Welt zurechtzufinden.[2] Laut Jäger liegt der wahre menschliche Wesenskern aber hinter diesem Ich verborgen.[3] Das bedeutet aber nicht, dass das Ich etwas Schlechtes ist. Die Identifikation mit dem Ich ermöglicht es uns zu lernen, einen Beruf zu ergreifen, unseren Lebensunterhalt zu sichern, Beziehungen einzugehen und alles das zu tun, was das menschliche Leben ausmacht.

Die Schwierigkeit liegt darin, zu erkennen, dass wir nicht unser Körper, nicht unsere Gefühle und nicht unser Verstand sind. Das hört sich jetzt erst einmal ziemlich verwirrend an. Aber überlege dir einmal, was passieren würde, wenn dein Gehirn aus irgendeinem Grund keine Gedanken mehr produzieren würde oder du keine Erfahrungen mehr verarbeiten könntest. Würdest du dann aufhören zu existieren? Wahrscheinlich nicht. Was also verbirgt sich hinter dem, womit wir uns identifizieren? Dies gilt es zu erfahren. Dabei geht es aber nicht etwa darum, das eigene Ich zu bekämpfen oder zu verleugnen, sondern vielmehr darum, hinter dieses Ich zu blicken und den eigenen Wesenskern zu erkennen.

Diese sehr abstrakten Worte zeigen, dass sich das, was in

1 Jäger, 2012, S. 72.

2 Jäger, 2012, S. 72.

3 Jäger, 2012, S. 72.

der Meditation persönlich erfahren werden kann, nur schwer mit Begriffen beschreiben lässt. Tatsächlich sind die Worte hier nicht das Wesentliche. Was zählt, ist die eigene Erfahrung. Lass dich also nicht davon abschrecken, wenn du mit den vorstehenden Ausführungen nichts anfangen kannst. Probiere Meditation einfach aus.

Ich habe einen Körper,
aber ich bin nicht mein Körper.
Ich habe Begierden,
aber ich bin nicht meine Begierden.
Ich habe Gefühle,
aber ich bin nicht meine Gefühle.
Ich habe Gedanken,
aber ich bin nicht meine Gedanken.

unbekannt

Bei Meditation zählt also die eigene Erfahrung. Das Wunderbare beim Meditieren ist, dass es nichts zu erreichen oder zu tun gibt. Es geht einfach nur darum, zu sein. Reine Präsenz. Einfach nur im Moment sein. Es gibt kein Richtig und kein Falsch. Nur sitzen und atmen. Egal wo, egal wann. Egal ob mit Meditationskissen oder ohne. Egal ob auf dem Boden oder auf einem Stuhl. Egal ob mit Räucherstäbchen oder ohne. Egal ob mit Musik oder einfach nur in der Stille. Egal ob mit geschlossenen oder geöffneten Augen. Egal ob alleine oder mit anderen. Probiere es einfach aus.

Einfach nur sitzen und nichts tun – das hört sich zunächst einmal an wie die einfachste Sache der Welt. Natürlich gibt es aber einige Tipps, die dir die Meditationspraxis und den Einstieg erleichtern können. Denn was sich so leicht anhört, kann sich in der Anwendung als ziemlich schwer erweisen. Daher wirst du nun die Meditation der Samurai kennenlernen, die das Sitzen in tiefer Konzentration ohne Ziel und ohne Streben nach Nutzen zum Inhalt hat. Dieses Sitzen in der Versenkung nennt man *Zazen* 座禅. *Za* heißt »sitzen«, während man *Zen als* »Meditation«, »Konzentration« sowie »Versenkung« übersetzen kann. Zen richtet den Fokus auf die Gegenwart, also auf das Hier und Jetzt. Meist drehen sich unsere Gedanken um die Vergangenheit oder die Zukunft. Nur selten sind wir ganz da und widmen unsere volle Aufmerksamkeit unseren augenblicklichen Handlungen, Worten und Gedanken. Mit der Zen-Meditation der Samurai kannst du lernen, vollständig gegenwärtig zu sein und dich auf den jetzigen Augenblick zu konzentrieren.

Einfach nur Sitzen. Ohne Ziel und ohne Streben nach Nutzen. Das Wesentliche ist Zazen. Die Haltung des Erwachens.

Taisen Deshimaru-Rōshi

Um dir den Einstieg in die Meditationspraxis zu erleichtern, möchte ich auf einige wesentliche Aspekte eingehen:

- Meditationsort
- Sitzhaltung
- Atmung
- Geisteshaltung
- Meditationspraxis

Meditationsort

Wie bereits gesagt, kannst du an jedem erdenklichen Ort meditieren. Sei es zu Hause, auf einer Bank, im Park oder in der U-Bahn. Natürlich ist es insbesondere für eine tägliche Praxis sinnvoll, einen festen Ort zur Meditation zu haben.

Richte dir also zum Beispiel in deiner Wohnung einen Bereich, oder sofern es der Platz zulässt, ein ganzes Zimmer ein, wo du ungestört bist und in Ruhe meditieren kannst. Egal wie viel oder wenig Platz du zur Verfügung hast, es wird sich immer ein Eckchen finden, das du nutzen kannst. Wenn du willst, kannst du deinen Meditationsort nach deinen Wünschen ausgestalten. Du sollst dich dort wohlfühlen.

Für die alten Samurai war der Ort, an dem sie praktizierten, von größter Wichtigkeit. Das tägliche Training in den Kriegs- und Kampfkünsten, aber auch die Meditationspraxis fand im *Dōjō* 道場 statt. Der Begriff Dōjō kann mit Ort des Wegs übersetzt werden. Noch heute werden die japanischen Kampfkunstschulen und deren Trainingsräumlichkeiten als Dōjō bezeichnet. Das Dōjō ist somit ein Ort intensiver Arbeit an Körper und Geist. Ein Dōjō sucht man auf, um an der Überwindung seiner selbst zu arbeiten und zu einem besseren Menschen zu werden.

Nachdem du deinen Meditationsort gefunden und eingerichtet hast, empfiehlt es sich, eine feste Uhrzeit zum Meditieren festzulegen. Hierfür bietet sich die Zeit nach dem Aufstehen oder vor dem Schlafengehen an.

Sitzhaltung

Zunächst musst du eine entspannte Haltung finden, in der du ohne größere Schmerzen über einen längeren Zeitraum sitzen kannst. Dein Kopf, Nacken und Rücken sollten hierbei eine gerade Linie bilden. Dies ist wichtig, damit der Atem ungehindert ein- und ausströmen kann. Für gewöhnlich sitzt man bei der Meditation auf dem Boden. Du kannst aber auch einen Stuhl mit gerader Lehne nehmen, falls du körperlich eingeschränkt bist oder dir das Sitzen auf dem Boden zu große Schmerzen bereitet. In diesem Fall sollten die Füße mit der ganzen Sohle auf dem Boden stehen. Wenn möglich, lehne dich nicht an, und versuche eine Haltung zu finden, in der dich dein Rücken aus eigener Kraft trägt. Ist dies nicht möglich, ist natürlich auch ein Anlehnen in Ordnung.

Sitzt du auf dem Boden, sollte das Gesäß leicht erhöht sein. Hierfür kannst du ein normales Kissen nehmen und es ein- oder zweimal falten. Eine sicher lohnenswerte Anschaffung stellt ein spezielles Meditationskissen, ein sogenanntes *Zafu* 座蒲, dar. Mit einem solchen Kissen lassen sich die verschiedenen Meditationshaltungen ungleich angenehmer und leichter ausführen. Es gibt mehrere Meditationshaltungen, die alle gleichermaßen geeignet sind. Am besten probierst du aus, welche Haltung dir am besten zusagt. Ungelenke Menschen tun sich mit den Lotus- oder den Schneidersitzvarianten oftmals schwer. Eine gute Alternative zu diesen Sitzhaltungen stellt ein Meditieren im Kniesitz, dem sogenannten *Seiza* 正座, dar. Diese Haltung ist tief in der japanischen Kultur verankert und wurde auch von den Samurai genutzt. Es gibt sogar Kampftechniken, die lehren, aus dieser Position möglichst schnell das Schwert zu ziehen.[1]

In welcher Haltung du auch sitzt, solltest du darauf achten, dass dein Becken höher als deine Knie ist. Wenn du auf einem Stuhl sitzt, kann dies bedeuten, dass du ein Kissen unter die Sitzfläche legen musst. Hast du dich für eine Position mit überkreuzten Beinen entschieden, dann achte darauf, dass deine Knie nicht in der Luft hängen, sondern den Boden berühren. Falls dir das nicht möglich ist, dann probiere den Kniesitz. Sollte auch der Kniesitz zu große Schmerzen verur-

1 *Iaidō* ist eine japanische Kampfkunst, die sich auf das schnelle und präzise Ziehen des Schwerts aus der Scheide und das schnelle und effektive Zurückstecken des Schwerts in die Scheide konzentriert. Der Fokus im Iaidō liegt somit auf Achtsamkeit, Kontrolle und Präzision.

sachen, dann nimm dir ein Meditationskissen oder eine Meditationsbank zur Hilfe.

Außerdem solltest du darauf achten, immer aufgerichtet und gerade zu sitzen. Kontrolliere, ob dein Rücken während der gesamten Übung aufgerichtet und gerade ist. Oftmals fällt man unbewusst in sich zusammen und macht einen Rundrücken. Anfangs kann das Sitzen in dieser geraden Haltung schwerfallen. Mit der Zeit wirst du jedoch feststellen, dass diese Position eine gewisse Würde ausstrahlt und sich positiv auf deine Selbstwahrnehmung auswirkt.

Wenn du magst, kannst du zusätzlich noch darauf achten, deinen Schwerpunkt nicht nach hinten, sondern leicht nach vorne zu verlagern. Hierbei hilft die richtige Haltung des Kopfes. Lass deinen Kopf nicht sinken oder nach vorne fallen, sondern halte ihn stets aufgerichtet. Hierbei hilft die Vorstellung, dass am höchsten Punkt deines Scheitels ein dünner Faden angebracht ist, der deinen Kopf unablässig leicht nach oben zieht. Auch kannst du deine Zunge leicht gegen den Gaumen nach oben drücken. Dies hilft, den Kopf gerade zu halten.

Deine Hände legst du entweder auf den Oberschenkeln ab oder du bildest mit beiden Händen eine Art Kreis, wobei die linke in die rechte Hand gelegt wird und die Daumenkuppen sich leicht berühren. Halte deine Augen entweder geschlossen oder lasse deinen Blick etwa einen Meter vor dir entspannt auf dem Boden ruhen.[1] Fokussiere hierbei aber nichts, sondern richte deinen Blick nach innen.

Ungeachtet dessen, für welche Position du dich letztendlich entscheidest, deine Körperhaltung ist von größter Wichtigkeit für die Meditationspraxis. Die Körperhaltung ist neben

1 Vgl. Deshimaru-Roshi, 2003, S. 27.

dem Atem das wichtigste Hilfsmittel, um die richtige innere Haltung zu finden und den Geist zu beruhigen. Immer wenn du während des Meditierens merkst, dass dein Geist unruhig wird, richte dich neu aus und komme in eine gerade Haltung zurück.

Atmung

Neben der Haltung ist die Atmung für die Meditation von zentraler Bedeutung. Jedes Lebewesen atmet. Atem ist Leben. Auch beim Atmen gibt es kein Richtig oder Falsch. Du kannst über die Nase einatmen und über den Mund wieder ausatmen. Die meisten Meditationsschulen lehren jedoch das Ein- und Ausatmen durch die Nase.

Zunächst atmest du ganz natürlich, du musst nichts Spezielles tun. Wie bei der Meditation generell gilt auch bei der Atmung, dass es nichts zu erreichen gibt. Es geht um die Absichtslosigkeit. Lasse deinen Atem also einfach kommen und gehen. Versuche nicht, ihn zu kontrollieren, und gewähre deinem Atem seinen natürlichen Rhythmus. Vielleicht verändert er sich während der Übung. Vielleicht wird er langsamer, tiefer oder flacher. Lass dies alles zu. Es gibt für dich nichts weiter zu tun, als zu beobachten. Wende deine ganze Aufmerksamkeit deinem Atem zu. Spüre sein Kommen und Gehen. Immer wenn sich deine Aufmerksamkeit auf etwas anderes richtet und dein Geist abschweift, kehrst du zu deiner Atmung zurück. Dein Atem ist dein Anker.

Die Haltung des Geistes ergibt sich auf natürliche Weise aus der tiefen Konzentration auf die Körperhaltung und die Atmung.

Taisen Deshimaru-Rōshi

Geisteshaltung

Mit dem Wissen um die richtige Haltung und den Atem hast du bereits alles, was du zum Meditieren brauchst. Es kann also losgehen. Beobachte deinen Atem und konzentriere dich allein auf das Ein- und Ausatmen. Sobald du bemerkst, dass deine Gedanken Karussell fahren, nimm dies unaufgeregt zur Kenntnis und konzentriere dich wieder auf deine Atmung. Du wirst schnell merken, dass der Geist ziemlich sprunghaft ist und dir keine Ruhe lässt. Es scheint so, als hätte dein Geist keinerlei Interesse daran, zur Ruhe zu kommen. Oftmals verhält er sich wie ein Affe, der ungeduldig von Ast zu Ast springt. »Ich muss unbedingt daran denken, XY anzurufen« oder »Mich juckt es im Gesicht« oder »Habe ich gestern auch die Bürotür abgeschlossen?« und derlei Gedanken sind geradezu typisch.

Selbst wenn du dir fest vorgenommen hast, dich unter allen Umständen ausschließlich auf deinen Atem zu konzentrieren, wirst du feststellen, dass dein Geist immer wieder auf Reisen geht. Du wirst unter Umständen auch bemerken, dass dein Geist multitaskingfähig ist und, während du dich vermeintlich auf deinen Atem konzentrierst, auf einer anderen Ebene den morgigen Arbeitstag durchgeht. Das alles ist jedoch völlig natürlich. Akzeptiere einfach und bewerte nicht. Wenn du bemerkst, dass dein Geist auf Wanderschaft geht und dir ständig Gedanken durch den Kopf schießen, lenke deine Aufmerksamkeit wieder zurück auf deinen Atem und deine Haltung. Fühle, wie die Luft in deinen Körper einströmt, wie sich deine Bauchdecke hebt und beim Ausatmen wieder senkt. Auch hier gilt: Übung macht den Meister. Mit der Zeit wird sich der Sand im Wasserglas legen, und du wirst merken, wie die Pausen zwischen deinen Gedanken, also die Zeit, in der der Gedankenstrom zur Ruhe kommt, länger werden.

Lasse alle Gedanken und alle geistigen Gebilde, die aus dem Unterbewussten auftauchen, vorbeiziehen wie Wolken am Himmel – ohne dich ihnen zu widersetzen, aber auch, ohne dich an sie zu klammern.[1] Auf diese Weise gelangst du zum tiefen Unbewussten, das ohne Gedanken ist, jenseits allen Denkens.[2] Die japanischen Zen-Mönche nennen diesen Zustand *Hishiryō* 非思量 – wahre Reinheit oder Denken aus dem Grunde des Nicht-Denkens.

Wenn beim Sitzen – ohne Umschweife,
ohne Zweck und Profitstreben – eure Haltung,
Atmung und Geisteshaltung in Harmonie sind,
dann versteht ihr das wahre Zen,
dann begreift ihr die Buddha-Natur.

Taisen Deshimaru-Rōshi

Wenn dir das Fokussieren und Konzentrieren auf den Atem trotz aller Bemühung schwerfällt, kannst du dich noch eines weiteren Hilfsmittels bedienen: Du zählst die Atemzüge. Wende deine Aufmerksamkeit wie gewohnt deinem Atem zu, und zähle jeweils das Ein- und das Ausatmen: eins, zwei, drei … bis zehn. Dann fängst du wieder von vorne an. Du kannst dich auch dafür entscheiden, nur das Einatmen oder nur das Ausatmen mit einer Zahl zu versehen.

Ein weiterer Trick, um den immerwährenden Gedankenstrom zu unterbrechen, ist, sich im Geiste die Frage zu stellen, was wohl dein nächster Gedanke sein wird. Du wirst merken, dass es tatsächlich eine Weile dauern wird, bis sich der nächste Gedanke in deinem Kopf manifestiert.

1 Deshimaru-Roshi, 2003, S. 29.

2 Deshimaru-Roshi, 2003, S. 28.

Meditationspraxis

Beginne und beende deine Meditationssitzung stets mit einer Verbeugung mit zusammengelegten Händen, als Zeichen des Respekts vor dir, deiner Übung und der Welt. Gewöhne dir diese Etikette an. Übe, so oft es dir möglich ist. Widerstehe den eigenen Ausreden, weshalb du heute nicht meditieren kannst. Meditieren erfordert Disziplin. Es ist weit einfacher, sich der Ablenkung und Zerstreuung hinzugeben. Versuche daher, das Meditieren zu einer festen Gewohnheit werden zu lassen.

Du kannst am Anfang mit fünf oder zehn Minuten starten. Steigere die Dauer nach und nach auf mindestens zwanzig Minuten. Je länger und öfter du meditierst, desto tiefer kommst du in die Übung, und umso mehr beruhigt sich dein Geist. Hast du nur wenig Zeit zur Verfügung, so lohnt es sich trotzdem zu meditieren und wenn nur für eine Minute. Die Samurai sagten, dass man gerade dann meditieren soll, wenn man keine Zeit hat oder vermeintlich wichtigere Dinge zu erledigen hat.

Eine Möglichkeit, Meditieren zu lernen, bieten Apps. Mittlerweile gibt es hier tolle Programme, die den Einstieg erleichtern, etwa durch geführte Meditationen.

Reflexionsfragen

- Hast du Vorurteile gegenüber dem Meditieren? Falls ja, welche?
- Was erhoffst du, durch die Meditation zu erreichen?

Falls du meditiert hast:

- Wie hast du dich während der Meditationspraxis körperlich gefühlt? Was konntest du beobachten? Schmerzen, Verspannungen, Juckreiz oder gar Entspannung?
- Wie war deine Körperhaltung während deiner Übung? Ist es dir schwer- oder leichtgefallen, eine bestimmte Position einzunehmen und einen geraden Rücken zu behalten?
- Was hast du während der Meditationspraxis in deinem Geist beobachten können? Was für Gedanken sind an die Oberfläche gekommen? Konntest du deine Gedanken beruhigen und beobachten oder sind die Gedanken Karussell gefahren? Hast du bestimmte Emotionen erlebt? Langweile, Frustration, Ungeduld oder aber Geborgenheit, Friede, Präsenz?
- Wurdest du während deiner Praxis durch äußere Faktoren abgelenkt? Wie hast du auf diese Ablenkungen reagiert?
- Wie hat sich deine Atmung während der Meditation verhalten? Hast du dem Atem seinen natürlichen Lauf gelassen oder versucht, ihn zu kontrollieren? Was war angenehmer? Hast du in den Bauch oder in die Brust eingeatmet?
- War die Meditation so, wie du es erwartet hast?
- Hat sich durch die Meditation etwas in dir verändert? Falls ja, was?

Herausforderung

- Meditiere täglich mindestens fünf Minuten.
- Meditiere heute vor dem Zubettgehen fünf Minuten. Liegst du schon im Bett, dann meditiere morgen früh nach dem Aufstehen fünf Minuten.

11

Viele Augenblicke – Achtsamkeit

Eng mit der Meditation verbunden ist die Achtsamkeit. Achtsamkeit liegt allen Meditationen zugrunde. Keine Meditation kommt ohne Achtsamkeit aus. Allerdings kann man Achtsamkeit auch üben, ohne zu meditieren. Bedauerlicherweise wird der Begriff der Achtsamkeit mittlerweile von sogenannten Coaches und anderen Lebensberatern derart inflationär verwendet, dass man eigentlich gar keine Lust hat, sich eingehender mit ihm zu beschäftigen. Dabei ist Achtsamkeit eine der wichtigsten Eigenschaften eines Urban Samurai.

Achtsamkeit ist das Gegenteil von Multitasking und permanenter Ablenkung. Achtsamkeit bedeutet, sich ganz bewusst dem Moment hinzugeben. Oftmals sind wir körperlich zwar anwesend, aber unsere Gedanken reisen in die Vergangenheit, beschäftigen sich mit Ängsten und Sorgen oder arbeiten in der Zukunft die To-dos des morgigen Tages ab. Dabei vergessen wir oftmals, dass unser Leben in der Gegenwart stattfindet. Genau betrachtet erleben wir immer nur die Gegenwart, also den einzelnen Augenblick. Unser Leben ist eine Aneinanderkettung von Augenblicken. Wenn du sagst, etwas sei in der Vergangenheit passiert, dann ist das so nicht ganz richtig. Es passierte vielmehr in einem einzelnen Moment der Gegenwart, der zu jenem Zeitpunkt das Jetzt war und nun vorbei ist. Genauso werden alle Ereignisse, die noch passieren werden, einzelne Jetzt-Momente sein, die noch vor dir liegen. Deshalb gibt es nichts Wichtigeres als den gegenwärtigen Augenblick. In ihm schaffst du das, was am Ende zur Realität deines Lebens wird. Begehe daher nicht den Fehler und übersieh vor lauter Plänen für die Zukunft die einzelnen Augenblicke. Denn sie sind es, die dein eigentliches Leben darstellen.

Für die Samurai war das Erlernen von Achtsamkeit überlebensnotwendig, um mit den im Kampf stets gegenwärtigen Gefahren umgehen zu können. Die Samurai versuchten *Zanshin*[1] 残心 zu erreichen: den Geist im Augenblick – omnipräsent und gegenwärtig. Zanshin ist ein Zustand vollkommener Aufmerksamkeit, ein permanentes Erfassen von allem, was sich gerade im Hier und Jetzt ereignet. Auch in der modernen Welt des Urban Samurai kann das Training von Achtsamkeit von großem Vorteil sein. Denn wer Achtsamkeit praktiziert, der konzentriert sich voll und ganz auf eine Sache. Er ist im Moment präsent und lässt sich von nichts ablenken. Er achtet auf den Moment, ohne ihn zu bewerten. Dies ist der zweite Aspekt der Achtsamkeit. Wir neigen dazu, alles permanent zu bewerten. Achtsam sein bedeutet, diese Bewertung sein zu lassen und sich auf das zu konzentrieren, was gerade ist.

In unserer modernen Welt haben wir uns das Gegenteil von Achtsamkeit angewöhnt. Wir sind hier und gleichzeitig auch nicht, gedanklich schon beim nächsten Termin oder der nächsten Aufgabe. Selbst wenn wir entspannende glückliche Momente haben, leben wir diese oftmals nicht richtig, nicht wirklich im Augenblick. Stattdessen zücken wir unser

1 Zanshin wird im Kontext von Kampfkünsten oft als »bleibender Geist« oder »verbleibender Geist« übersetzt. Es bezieht sich auf die Fähigkeit, eine konzentrierte und aufmerksame Haltung aufrechtzuerhalten, auch nachdem eine Technik ausgeführt wurde. Im japanischen Bogenschießen bezieht sich Zanshin auf die Körperhaltung und Geisteshaltung, die nach dem Abschuss beibehalten werden sollten, um die Genauigkeit und die Vollständigkeit der Technik zu gewährleisten.

Smartphone und versuchen, den Moment in einem Foto einzufangen. Du wirst es vielleicht bemerkt haben, auch hier handelt es sich um die Existenzweise des Habens und nicht des Seins. Hauptsache, wir haben ein Foto geschossen, das wir besitzen können (und wahrscheinlich nie wieder anschauen). Den eigentlichen Moment, den dieses Foto einfangen soll, haben wir aber gar nicht richtig wahrgenommen.

Der Schüler fragte den Meister, was den Meister von ihm unterscheide. Der Zen-Meister entgegnete ihm: »Wenn ich gehe, dann gehe ich. Wenn ich esse, dann esse ich. Wenn ich schlafe, dann schlafe ich.« Der Schüler erwiderte: »Aber das mache ich doch auch.« Der Zen-Meister antwortete: »Wenn Du gehst, denkst Du ans Essen, und wenn Du isst, dann denkst Du ans Schlafen. Wenn Du schlafen sollst, denkst Du an alles Mögliche. Das unterscheidet uns.«

Zen-Anekdote

Ein guter Weg, um die Geistesgegenwart zu üben, ist die Teezeremonie. In der japanischen Kultur nimmt sie einen besonderen Platz ein und wird noch heute bei besonderen Anlässen durchgeführt. Für die Samurai, die häufig von Kriegsgeschehen umgeben waren, stellte die Teezeremonie einen Weg zur Entspannung und Fokussierung auf die Gegenwart dar. Die Teezeremonie besteht aus bestimmten festgelegten Handlungsabläufen. Von der Kleidung über die Handgriffe bis hin zum Geräusch, das der Löffel beim Ablegen macht – jedes Detail ist ganz genau geplant und Teil des umfassenden Rituals. Entscheidend ist, alle Einzelheiten des Teetrinkens ganz bewusst wahrzunehmen. Bei der klassischen Teezeremonie sollen Harmonie, Respekt, Reinheit und Ruhe zum Ausdruck kommen. Dies wird als *Wakeiseijaku* 和敬清寂 bezeichnet.

Die Besonderheit der Teezeremonie besteht darin, eine alltägliche Handlung mit ebenso viel Kraft und Hingabe zu praktizieren, als handele es sich um einen Gottesdienst. Allein dadurch, dass man dem, was man sonst nebenbei oder unbewusst tut, seine ungeteilte Aufmerksamkeit schenkt, kann aus dem Gewöhnlichen etwas Außergewöhnliches werden.

Auch ohne jahrelanges Training in den Ritualen der klassischen japanischen Teezeremonie kannst du anhand deiner ganz persönlichen Teezeremonie Achtsamkeit üben. Für deine Teezeremonie brauchst du nichts weiter als einen Wasserkocher, eine Tasse, einen Teefilter und natürlich Tee. Zu Beginn ist auch ein einfacher Beuteltee ausreichend. Die Teezeremonie kannst du entweder morgens oder abends durchführen. Wichtig ist einzig, dass du dir etwa fünfzehn Minuten Zeit nimmst. Denke daran, es geht darum, etwas Gewöhnliches außergewöhnlich zu machen. Gehe daher die folgenden Schritte ganz bewusst und voller Aufmerksamkeit durch. Lege deinen Fokus allein auf die Zubereitung des Tees.

- Fülle zunächst den Wasserkocher mit Leitungswasser.
- Welches Geräusch entsteht durch das Einfüllen des Wassers in den Kocher? Wie verändert sich das Gewicht des Wasserkochers durch das einlaufende Wasser? Musst du mehr Kraft aufwenden, um ihn zu halten? Wie lange dauert es, bis der Wasserkocher gefüllt ist? Stelle den Wasserkocher auf die Vorrichtung und schalte ihn an. Welche Geräusche entstehen? Wie verändern sich die Geräusche, wenn sich das Wasser erwärmt? Was kannst du beobach-

ten? Steigt Wasserdampf aus der Öffnung? Beschlägt der Wasserkocher?

- Öffne nun eine Teedose oder Teepackung mit Teebeuteln.
- Was siehst du? Was kannst du riechen? Wie riecht der ungebrühte Tee?
- Fülle den Tee in den Teefilter oder gib den Teebeutel in eine Teetasse oder Kanne. Gieße den Tee mit dem heißen Wasser auf. Lasse dir für diesen Ablauf Zeit, und stelle dir vor, dass du eine Sache von größter Wichtigkeit und Bedeutung durchführst.
- Welche Beobachtungen machst du beim Aufgießen des Tees? Wie verändert sich die Farbe des Wassers? Welche Gerüche steigen dir in die Nase? Was passiert mit der Tasse oder der Kanne?
- Setze dich auf einen dir angenehmen Platz, und warte bewusst die Zeit ab, die der Tee zum Ziehen braucht. Achte während dieser Zeit darauf, dich nicht von deinem Smartphone, dem Radio oder durch andere Personen ablenken zu lassen. Fokussiere dich auf deinen Atem oder nimm bewusst den Raum und die Umgebung wahr, in der du dich befindest. Sei ganz entspannt und absichtslos. Beobachte, aber bewerte nicht.
- Gieße den Tee aus der Kanne in eine Tasse. Vielleicht hast du den Tee ja auch direkt in einer Tasse aufgebrüht. Sobald der Tee ein wenig abgekühlt ist, nimm die Tasse in deine Hände und spüre ihre Wärme.
- Wie fühlt sich das an? Angenehm? Zu heiß? Zu kalt?
- Trinke den Tee langsam und bewusst Schluck für Schluck und achte dabei auf den Geschmack und die Temperatur des Getränks.
- Welche Empfindungen kannst du wahrnehmen? Wie fühlt es sich an, wenn der Tee deine Kehle hinunterrinnt? Was passiert mit dir und deinem Körper?

- Wenn du den Tee ausgetrunken hast, kannst du noch einmal nachspüren.
- Hat sich etwas verändert? Wie fühlst du dich jetzt? Besser, schlechter oder unverändert? Mache eine kurze Verbeugung vor dir selbst, um die Zeremonie zu beenden.

Falls du nun auf den Geschmack gekommen bist und dich weiter in der Kunst des Tees üben willst, dann probiere doch einmal, einen Matcha-Tee zuzubereiten. *Matcha* 抹茶 ist der Tee, der am häufigsten bei der klassischen japanischen Teezeremonie verwendet wird. Dieser grüne Tee aus Japan soll sehr gesund sein, da er nicht verarbeitet wird. Matcha zeichnet sich dadurch aus, dass er in Pulverform getrunken wird, wodurch mehr gesundheitsfördernde Inhaltsstoffe aufgenommen werden können. Buddhistische Mönche haben den Matcha einst als Meditationsgetränk kreiert. Nach und nach verbreitete er sich aber auch außerhalb der Klostermauern. Im 13. Jahrhundert begannen die Samurai, Matcha zu trinken, um sich auf die Schlacht vorzubereiten. Matcha ist also genau das richtige Getränk für den friedvollen Krieger der Moderne.

Mittlerweile hat Matcha-Tee, nicht zuletzt in Form von Matcha-Latte und Matcha-Eis, auch im Westen Einzug gehalten. Er ist sehr beliebt, denn ihm wird zugesprochen, dank seiner zellschützenden Antioxidantien das Altern zu verlangsamen, die Konzentration zu fördern, den Stoffwechsel anzukurbeln und gut für den Fettabbau zu sein. Wenn du also noch mehr Samurai-Feeling in deine Teezeremonie bringen willst, dann besorge dir in einem Teehaus einen Matcha-Tee und das dazugehörige Zubehör. Die Zubereitung ist nicht schwer, wenn man es ein paar Mal geübt hat. Es erfordert lediglich ein wenig mehr Geduld als das herkömmliche Kochen eines Tees. Aber genau darum geht es ja.

Matcha-Tee wird meist in kleinen Blechdosen verkauft, um das Aroma des Tees gut zu bewahren und das Pulver vor Nässe zu schützen. Neben dem Teepulver solltest du dir eine kleine Keramikschale, einen kleinen Bambuslöffel und einen Bambusbesen zum Aufschäumen anschaffen. Original japanische Keramikschalen findest du mittlerweile in vielen Teeläden. Diese sind zwar nicht ganz günstig, dafür aber ein echter Hingucker.

Um dir deinen Tee zuzubereiten, gibst du etwa zwei bis drei Bambuslöffel Teepulver in deine Schale. Dann gieße ganz wenig kaltes Wasser in die Schale, gerade so viel, dass du mithilfe des Bambusbesens das Pulver zu einer dünnflüssigen Paste verrühren kannst. Schlage und rühre das Pulver so lange, bis keine Klümpchen mehr vorhanden sind. Erst danach folgt die Zugabe von heißem Wasser. Achte darauf, dass das Wasser nicht mehr kochend heiß ist. Optimalerweise ist es auf circa achtzig Grad abgekühlt. Jetzt kommt noch einmal der Bambusbesen zum Einsatz. Feuchte diesen kurz mit kaltem Wasser an, da die Borsten andernfalls bei Berührung mit dem heißen Wasser brechen könnten. Rühre den Tee mit dem Bambusbesen nun ungefähr eine Minute sehr schnell um, bis der Tee schaumig wird. Das war's schon. Fertig ist dein Urban-Samurai-Getränk. Wenn du die Zubereitung deines Matcha-Tees als Achtsamkeitsübung praktizieren willst, dann denke daran, alle Schritte ganz bewusst und geistesgegenwärtig durchzuführen.

Dankbarkeit

Eine weitere Form der Achtsamkeit ist Dankbarkeit. Dankbarkeit bildet ein Gegengewicht zur negativen Tendenz unserer Gedanken. Bedauerlicherweise neigt das menschliche Gehirn nämlich dazu, negativen Geschehnissen mehr Aufmerksamkeit zu schenken als positiven. Oftmals richten wir unseren Fokus daher auf die Dinge in unserem Leben, die nicht so verlaufen, wie wir es gerne hätten.

Ein solcher Fokus auf alles Schlechte und Negative im Leben widerspricht aber einer proaktiven Lebenseinstellung und hindert am Voranschreiten auf dem Pfad. Im schlimmsten Fall führt ein solch negativer Fokus dazu, dass man in Selbstmitleid versinkt, sich nur beschwert und allen anderen – außer sich selbst – die Schuld für die vermeintlich missliche Lage gibt. Hierdurch kommt es zu negativen Gefühlen wie Unzufriedenheit, Neid, Gier und Angst. Es entsteht ein Teufelskreis, da der negative Fokus dafür sorgt, dass Erfolgs- und Glückserlebnisse ausbleiben oder dies jedenfalls so empfunden wird und man sich somit in seiner negativen Einstellung selbst bestätigt. Eine der Grundregeln auf dem Weg des Urban Samurai ist jedoch, dass ein Urban Samurai sich niemals in eine Opferrolle begibt. Sei kein Opfer.

Wer sich ständig beschwert und sich ungerecht behandelt fühlt, begibt sich in eine Opferrolle. Und wer ein Opfer ist, hat die Kontrolle über sein Leben und sein Schicksal abgegeben und ist nicht mehr Herr seiner selbst. Ein Urban Samurai hingegen ist ein Krieger und Beschützer und führt ein selbstbestimmtes Leben.

Natürlich widerfahren uns nicht nur gute Dinge. Dafür ist das Leben auch nicht gedacht. Es ist voller Hindernisse und Herausforderungen, die es zu meistern gilt. Ärgere dich nicht über solche Hindernisse, sondern akzeptiere sie und sieh sie als Möglichkeit, an ihnen zu wachsen. Außerdem solltest du dir stets vor Augen halten, dass das Leben nicht fair ist. Nirgends steht geschrieben, dass es so sein sollte. Das Universum kennt derlei Wertungen überhaupt nicht. Morgens geht die Sonne auf und abends geht die Sonne unter. Wir Menschen haben diesen Zeitraum Tag genannt. Ein Tag ist immer ein Tag. Ob es ein guter oder ein schlechter Tag ist, entscheidest allein du. Wir Menschen leben letztlich in einer von uns geschaffenen Traumwelt und stülpen der Welt ein von uns geschaffenes Narrativ über. Die in diesem Buch vermittelten Techniken des Shin-Gi-Tai können dir helfen, hinter diese Traumwelt zu blicken und die Welt zu sehen, wie sie ist.

Für einen Samurai stellte das tägliche Leben außerhalb des Dōjō nichts anderes dar, als die Fortsetzung seines Bestrebens im Dōjō, den Kampf um die Beherrschung des eigenen Ichs zu gewinnen. Innerhalb des Dōjō waren es die Kampftechniken, die zur Weiterbildung auf dem Weg des Kriegers dienten. Außerhalb des Dōjō hingegen waren es die Herausforderungen des Lebens, die den Charakter formten. Die Samurai begrüßten beide Geschehen, das Innerhalb und das Außerhalb des Dōjō als eine willkommene Gelegenheit, mit Herausforderungen aller Art fertig zu werden.

Wenn du also wieder mal der Auffassung bist, dass du einen schlechten Tag hattest oder dir etwas Schlechtes passiert ist, versuche das Problem oder das negative Ereignis aus der Distanz und aus einer ferneren Perspektive zu betrachten. Ändere deinen Blickwinkel. Wird das Problem oder Ereignis in einer Woche, einem Monat, einem Jahr oder in zehn Jahren noch relevant für dich sein? Gibt es an der Situation auch etwas Gutes? Eröffnen sich vielleicht sogar neue Möglichkeiten, die zuvor nicht bestanden haben? Denke an das Prinzip von Yin und Yang. Alles Dunkle trägt auch etwas Helles in sich und alles Helle auch etwas Dunkles. Auch etwas vermeintlich Schlechtes kann etwas Gutes in sich tragen, auch wenn sich dieses nicht auf den ersten Blick erkennen lässt.

Eines Tages lief das schönste Pferd eines
chinesischen Bauern davon.
Alle Nachbarn bedauerten den Bauern und
beklagten den Verlust.
Nur der Bauer sagte:
»Unglück, wer weiß? – Es ist, wie es ist!«
Nach einigen Tagen kam sein Pferd zurück
und mit ihm kamen einige Wildpferde.
Die Nachbarn kamen wieder und
beglückwünschten den Bauern.
Dieser aber sagte: »Glück, wer weiß? –
Es ist, wie es ist!«
Als sein Sohn eines der Wildpferde zähmen
wollte, wurde er abgeworfen und
brach sich ein Bein.
Wieder klagten die Nachbarn und sprachen
von einem großen Unglück,
das ihm widerfahren sei.
Der Bauer aber sagte: »Unglück, wer weiß? –
Es ist, wie es ist!«
Kurz darauf kamen die Soldaten des Kaisers,
um junge Männer für den Krieg zu rekrutieren.
Da der Sohn des Bauern sein Bein gebrochen
hatte, taugte er nicht für den Krieg und
konnte so daheimbleiben.
Die Nachbarn beglückwünschten den Bauern.
Dieser aber sagte: »Glück, wer weiß? –
Es ist, wie es ist!«

unbekannt

Wir in der westlichen Welt neigen dazu, uns zu beschweren, dass wir so viele Probleme haben und es wieder mal ein schlechter Tag war. Dabei würde vielen von uns ein wenig Demut gut zu Gesicht stehen. Demut ist eine edle Tugend, die in Vergessenheit geraten ist und häufig mit Schwäche oder Unterwürfigkeit verwechselt wird. Dabei ist dies absolut unzutreffend. Wer demütig ist, der nimmt sich selbst schlicht nicht so wichtig und ist dankbar für Dinge und das Leben, das ihm gegeben wurde. Nicht zuletzt die Coronapandemie und der Ukrainekrieg haben vor Augen geführt, dass viele Dinge, die wir für selbstverständlich erachten, es keineswegs sind. Wer seine Eltern oder Großeltern nicht mehr besuchen kann, weil das Risiko besteht, diese mit einem gefährlichen Virus anzustecken, für den ist ein gemütliches Beisammensein im Familienkreis nichts Selbstverständliches mehr. Wer über Nacht erfährt, dass sein Heimatland angegriffen wird und man in ein fremdes Land fliehen muss, für den ist Friede nichts Selbstverständliches mehr. Wer krank im Bett liegt und um sein Leben fürchtet, für den ist Gesundheit nichts Selbstverständliches mehr. Wer an Hunger leidet, für den ist ein voller Bauch nichts Selbstverständliches. Du merkst, dass man ewig so weiter machen könnte. Es lässt sich also feststellen, dass eigentlich absolut gar nichts selbstverständlich ist.

Umso mehr sollten wir für all das, was wir normalerweise als selbstverständlich erachten, dankbar sein. Gerade in schwierigen Zeiten, in denen es dir nicht gut geht, kann Dankbarkeit helfen, dich auf die positiven Dinge und das Gute in deinem Leben zu fokussieren. Hierbei geht es nicht darum, negative Gefühle zu verdrängen, sondern darum, einen anderen Blickwinkel auszuprobieren. Gerade in der Hektik des Arbeitsalltags vergessen wir schnell, was eigentlich wirklich wichtig ist. Unzufriedenheit ist die Geißel unserer Zeit.

In unserer Leistungsgesellschaft muss ein jeder perfekt sein und perfekte Leistungen erbringen. Dabei ist dies gar nicht möglich. Niemand ist perfekt. Niemand führt das perfekte Leben. Denke an das Prinzip des Fukinsei, der Ablehnung der Perfektion. Sei dankbar für das, was das Leben für dich bereitgestellt hat und noch bereithält. Güte, Großmut und Dankbarkeit sind maßgeblich dafür verantwortlich, wie glücklich du bist. Demut und Dankbarkeit setzen eine kraftvolle Energie frei, die dir Stärke verleiht. Ein Urban Samurai ist daher stets dankbar, wenn das Leben es gut mit ihm meint und ihm gute Dinge widerfahren.

Reflexionsfragen

- Welches Problem oder Ereignis bereitet dir gerade Sorge?
- Weshalb bereitet es dir Sorge?
- Wo würdest du das Problem auf einer Skala von 1–10 (1 = eigentlich gar nicht schlimm; 10 = extrem schlimm) einordnen?
- Was ist die schlimmste Konsequenz, die es zur Folge haben kann?
- Bringt das Problem oder Ereignis auch etwas Gutes mit sich? Falls ja, was?
- Wie, denkst du, wirst du in einem Jahr auf das Problem oder Ereignis blicken?
- Für was bist du in deinem Leben dankbar?
  - *Ich bin dankbar dafür, dass ich …*
  - *Nicht alle haben das Glück, …*
  - *Ich kann es selbst nicht glauben, dass …*
  - *Ohne … wäre mein Leben nicht das gleiche.*
  - *Ich bin zwar gerade traurig/ängstlich/niedergeschlagen/besorgt, aber immerhin …*

- Für was solltest du in deinem Leben dankbar sein, bist aber undankbar?
- Welche alltägliche Tätigkeit nimmst du ganz bewusst wahr? Nenne drei Beispiele.
- Warum, denkst du, ist dies bei diesen drei Tätigkeiten so?
- Bei welchen drei alltäglichen Tätigkeiten bist du nur körperlich anwesend und schaltest auf den Autopilot?
- Warum, denkst du, ist dies bei diesen drei Tätigkeiten so?

Herausforderung

- Überlege dir heute vor dem Einschlafen drei Dinge, für die du heute dankbar sein kannst.
- Jammere und beschwere dich morgen den ganzen Tag lang nicht.
- Wenn du merkst, dass du kurz davor bist, dich zu beschweren oder zu jammern, dann analysiere, was das Problem ist, und überlege dir, wie du das Problem lösen kannst. Lässt sich das Problem nicht lösen, dann akzeptiere dies und versuche, deine Einstellung zu dem Problem zu verändern.
- Führe eine alltägliche Tätigkeit wie beispielsweise die Hausarbeit, die du für gewöhnlich nicht bewusst ausführst (Autopilot), einmal ganz bewusst und achtsam aus.

GI
Technik

技

12

Samurai-Showdown – Selbstverteidigung

Die Hauptaufgabe der Samurai bestand darin, zu kämpfen und sich in den Kampfkünsten zu bilden. Der moderne friedvolle Krieger hingegen klärt die Herausforderungen seines Lebens bestenfalls ohne Gewalt. Gleichwohl sollte ein Urban Samurai damit umgehen können, wenn er mit Gewalt und Aggression konfrontiert wird, und wissen, wie er sich und andere im Notfall verteidigt und beschützt. Im Abschnitt »Gi« wirst du daher Techniken kennenlernen, die dich in die Lage versetzen, sowohl körperliche als auch verbale Attacken abzuwehren und Konflikte zu schlichten. Zudem wirst du lernen, wie du durch die richtige Atmung auch in Stresssituationen einen kühlen Kopf bewahrst.

Als moderne und zivilisierte Gesellschaft haben wir uns dazu entschlossen, das Gewaltmonopol dem Staat zu überlassen, der im Gegenzug verspricht, uns vor Gewalteinwirkung zu schützen. Nun kann es aber auch in unseren Breitengraden passieren, dass wir in eine Situation geraten, in der der Staat, meist verkörpert durch die Polizei, nicht schnell genug eingreifen kann oder nicht zur Stelle ist, um uns zu verteidigen. In Selbstverteidigungssituationen ist es daher umso wichtiger zu wissen, was zu tun ist. In diesem Kapitel wird es daher darum gehen, welche mentale Einstellung du brauchst, um – schlimmstenfalls – dein oder das Leben anderer zu verteidigen. Wahrscheinlich hast auch du gelernt, Konflikte ohne Gewalt zu lösen. Umso schwerer ist es, sich in ernsthaften Gefahrensituationen richtig zu verteidigen und notfalls Gewalt als letztes Mittel einzusetzen.

Denn ein friedvoller Krieger zu sein, bedeutet nicht, ein Opfer zu sein und sich gegen Unrecht nicht zu verteidigen.

Nachfolgend wird es daher zunächst um Situationen gehen, in denen jemand körperliche Gewalt gegen dich ausübt oder dies androht. Will dich jemand ernsthaft verletzen oder trachtet dir gar nach dem Leben, wirst du dich nämlich verteidigen müssen. Selbst wenn dir die Ausübung von Gewalt missfällt, solltest du dich nicht darauf verlassen, dass im Ernstfall stets jemand zur Stelle ist, der dich schützt und es dir abnimmt, dich selbst zu verteidigen. Ebenso wenig solltest du naiv durch die Welt gehen und glauben, dass alle Menschen zur Gewaltlosigkeit erzogen worden sind. In der Welt da draußen gibt es Gewalt zuhauf und genügend Menschen, die nicht davor zurückschrecken, diese für ihre Zwecke einzusetzen. Sei dir dessen bewusst, und setze dich daher mit dem Thema auseinander, bevor du in eine brenzlige Situation gerätst.

Zunächst lohnt ein Blick in das deutsche Strafgesetzbuch (StGB). In diesem wird Notwehr in § 32 StGB definiert. Nach dem Strafgesetzbuch handelt, wer eine Tat begeht, die durch Notwehr geboten ist, nicht rechtswidrig. Außerdem heißt es dort, dass Notwehr die Verteidigung ist, die erforderlich ist, um einen gegenwärtigen rechtswidrigen Angriff von sich oder einem anderen abzuwenden.

Jeder hat also das Recht, Angriffe gegen seine körperliche Unversehrtheit abzuwehren oder anderen bei einem Angriff zu Hilfe zu kommen. Es gilt der Grundsatz, wonach das Recht dem Unrecht nicht weichen muss. Wenn du also jemanden durch eine Verteidigungshandlung verletzt, so erfüllst du zwar zunächst den Tatbestand einer Körperverletzung. Allerdings ist diese Körperverletzung dann grundsätzlich nicht rechtswidrig, sondern gerechtfertigt und somit nicht strafbar. Natürlich kann die Rechtslage im Einzelfall weit komplizierter sein, da stets der jeweilige individuelle Lebenssachverhalt zu beurteilen ist und du bei all deinen Handlungen stets die Verhältnismäßigkeit im Blick haben sollst.

Doch was ist eigentlich eine Selbstverteidigungssituation? Es handelt sich hier um einen sehr weiten Begriff. Der amerikanische Justizvollzugsbeamte und Ausbilder Rory Miller unterscheidet in seinem Klassiker *Meditations on Violence* zunächst einmal zwischen zwei Arten von Gewalt. Hiernach ist zwischen sogenannten sozialen und asozialen oder auch anti-sozialen Angriffen zu unterscheiden. Mit sozial und asozial ist indessen keine Bewertung im Sinne von gut und schlecht gemeint. Sozial bedeutet in diesem Sinne einfach nur »mit Bezug zu einer Gruppe«, während asoziale Gewalt keinen Zusammenhang mit Gruppendynamiken oder menschlichen Beziehungen hat. Soziale Gewalt ereignet sich zudem meist dort, wo viele Menschen zusammenkommen und dem Geschehen somit als Zeugen oder Zuschauer beiwohnen. Ausgangspunkt ist in derlei sozialen Gewaltsituationen oftmals, dass sich eine Person oder eine Personengruppe von einer anderen Person oder anderen Personen in der Ehre verletzt fühlt oder in sonstiger Art und Weise ein Gefühl vermeintlich verletzt wurde. Typische Beispiele sind Kneipenschlägereien, Auseinandersetzungen nach Autounfällen, Fan-Prügeleien. Soziale Gewalt dreht sich somit oft darum, wer der »stärkere Affe im Gehege« ist und somit letztlich um Status- und Rangfragen. Auch geht es oft um Territorialansprüche (»Das ist mein Revier«) oder darum, sich vor der eigenen Gruppe zu beweisen oder Gruppenzugehörigkeit zu fördern. Diese Arten der sozialen Gewalt folgen oftmals bestimmten Mustern. Das Primärziel des Aggressors besteht meist gar nicht darin, ernsthaften Schaden zu verursachen, sondern durch verbale und physische Gewalt einen Standpunkt klarzumachen (»Was guckst du mich so blöd an?«). Allerdings können auch soziale Gewaltsituationen zu schwerwiegenden Konsequenzen führen, wenn ein Beteiligter sich derart arg hineinsteigert, dass er die Kontrolle über sich verliert, oder es kommt zu einem Unfall, der gar nicht gewollt war – zum Beispiel fällt das Opfer nach einem Faustschlag auf den Bordstein und stirbt. Das Gute an sozialen Gewaltsituationen ist, dass sie oftmals durch geschicktes Positionieren (weglaufen, Unterschlupf in einer Gruppe suchen etc.), reden oder sanfte Gewalt (schubsen, Hand wegschlagen etc.) gelöst werden können. Erkennst du, dass du dich in einer sozialen Gewaltsituation befindest und es dem Angreifer schlicht darum geht, zu zeigen, wie toll und überlegen er dir ist, kannst du dieses Wissen zu deinem Vorteil nutzen. Auf die Pseudofrage »Was guckst du mich so dumm an?« könntest du beispielsweise antworten: »Sorry, mein Bruder ist heute gestorben und deshalb geht es mir total schlecht!« oder »Sorry, mein blöder Chef hat mir heute gekündigt. Hatte deshalb einen echt miesen Tag!«. Hierdurch lässt du dich nicht auf den »Affentanz« ein und appellierst an die Rationalität und das Einfühlungsvermögen des Angreifers. Denn jeder normale Mensch kann solche Situation nachempfinden, wodurch du eine Gemeinsamkeit mit dem Angreifer schaffst.

Dieser Trick wird hingegen nicht funktionieren, wenn es sich um einen asozialen Angriff handelt. Asoziale Gewalt hat keinerlei Bezug zu Gruppendynamiken oder menschlichen Beziehungen und geht alleine vom Täter aus. Als Beispiel der asozialen Gewalt zu nennen sind Raub, Erpressung, Vergewaltigung oder Mord und dergleichen. Bereits anhand dieser Beispiele siehst du, dass asoziale Gewalt eine andere

Qualität und Dynamik als soziale Gewalt hat. Anders als dem sozialen Gewalttäter, der zumeist emotional und instinktgesteuert agiert, um seinen Status in der Gruppe zu festigen, kommt es dem asozialen Täter darauf an, ein bestimmtes Ziel zu erreichen. Diese Tätergruppe plant ihren Angriff im Allgemeinen bereits im Vorfeld und sieht ihre Opfer als nicht ebenbürtig an. Das Ziel ist es, die Tat durchzuführen, ohne hierbei erwischt zu werden. Anders als bei der sozialen Gewalt, sind Zuschauer und Zeugen daher gerade nicht erwünscht. Dem asozialen Täter kann es hierbei entweder darum gehen, etwas von seinem Opfer zu bekommen (Geld, Wertsachen, körperliche Befriedigung), oder aber es kommt ihm auf die Tat, also die Gewaltausübung an sich an. Die asoziale Gewalt unterscheidet daher nochmals zwischen ressourcenorientierter und prozessorientierter Gewalt.

Wo sich soziale Gewalt häufig durch verbale Deeskalation abwehren und verhindern lässt, ist dies bei asozialer Gewalt weit unwahrscheinlicher. Der Täter hat sich hier meist einen konkreten Plan zurechtgelegt und wird sich von diesem voraussichtlich nicht durch Worte abbringen lassen. Gerätst du in eine derartige Situation, solltest du daher schnellstmöglich versuchen, zu entkommen und Hilfe zu holen. Handelt es sich um ressourcenorientierte asoziale Gewalt, musst du abwägen, ob du der Person das Gewünschte geben kannst oder nicht. Handelt es sich um Wertgegenstände wie Geld, Schmuck oder dergleichen, sollte dir dein Leben mehr wert sein, und es empfiehlt sich dringend, dem Täterbegehren nachzukommen. Bestenfalls ist der räuberische Erpresser zufrieden und sucht mit der Beute schnell das Weite. Allerdings kann es auch Situationen geben, in denen der Angreifer nicht zufrieden mit dem ist, was du ihm angeboten hast, oder du erkennst, dass er dich auch dann nicht in Ruhe lassen wird, wenn du ihm gegeben hast, was er will. Zudem kann es auch schlicht sein, dass du nicht gewillt bist, dem Angreifer das Gewünschte zu geben, weil es sich beispielsweise um deinen Wohnungsschlüssel handelt und so deine Familie in Gefahr geraten würde. In solchen Situationen sowie in prozessorientierten asozialen Gewaltsituationen musst du versuchen, umgehend überraschende Gegenmaßnahmen einzuleiten, und dich mit physischer Gewalt verteidigen.

Egal ob du es mit einem Angriff sozialer oder asozialer Gewalt zu tun hast, sollte die Vorgehensweise immer darin bestehen, eine gefährliche Situation erst gar nicht aufkommen zu lassen. Gelingt dir das nicht, aus welchen Gründen auch immer, kannst du versuchen, die Lage verbal zu deeskalieren. Je nach Situation kannst du versuchen, den Angreifer zu überzeugen, von seinem Vorhaben abzulassen, oder ihn abschrecken, sodass er Angst hat weiterzumachen. Ist eine verbale Deeskalation nicht geglückt oder nicht Erfolg versprechend und besteht auch keine Möglichkeit zur Flucht, dann musst du dich körperlich verteidigen.

Wie bereits erwähnt, ist die beste Selbstverteidigungstechnik, um unversehrt aus einer Gefahrensituation zu kommen, eine solche erst gar nicht entstehen zu lassen. Hierbei kommen dir die Fertigkeiten eines Urban Samurai, wie eine starke Ki-Energie und ein achtsames Verhalten, zugute. Oftmals signalisiert schon das Bauchgefühl, dass etwas nicht stimmt oder es keine gute Idee ist, den unbeleuchteten Weg alleine zu gehen oder sich zu einer gewissen Uhrzeit in einer berüchtigten Gegend aufzuhalten.

Darüber hinaus darfst du nicht wie ein Opfer wirken. Denn Täter suchen sich Opfer. Ein Täter hat immer eine Vorstellung davon im Kopf, wie sein Opfer reagieren wird. Aus diesem Grund suchen sich Täter natürlich Menschen aus, bei denen sie davon ausgehen, dass keine Gegenwehr zu erwarten ist und sie ihren Plan durchziehen können. Dies gilt im Übrigen sowohl für soziale als auch für asoziale Gewalttäter. Das soll nicht bedeuten, dass du schuld bist, wenn du in eine derartige Situation gerätst. Im Gegenteil, die Schuld und Verantwortlichkeit liegt selbstredend immer beim Aggressor oder Täter. Gleichwohl kannst du über deine Handlungen und deine Ausstrahlung aktiv dazu beitragen, die Chancen zu verringern, in eine derartige Situation zu kommen. Arbeite daher daran, selbstsicher aufzutreten und eine starke Ki-Energie auszustrahlen. Die Samurai nannten diesen Geisteszustand der Selbstsicherheit und Angstfreiheit *Fudōshin* 不動心. Fudōshin bezeichnet das starke oder unerschütterliche Herz. Wer das unerschütterliche Herz besitzt, dessen Geist ist so stark, dass er erst gar nicht kämpfen muss. Schlechte Menschen werden dich meiden, da sie erkennen, dass du keine Angst im Herzen trägst.

Wichtigste Lektion in der Selbstverteidigung ist somit, sich möglichst erst gar nicht in gefährliche Situationen zu begeben und potenziellen Angreifern zu signalisieren, dass es sich nicht lohnt, sich mit dir anzulegen.

Das Geheimnis der Schwertkunst besteht darin,
das Schwert nicht zu ziehen.

Japanisches Sprichwort

In einer Selbstverteidigungssituation, in der es unter Umständen um Leben und Tod geht, ist es wahrscheinlich, dass dein Körper automatisch in einen Gefahrenmodus schaltet, der sich evolutionär herausgebildet hat und dafür sorgt, dass die Spezies Mensch in gefährlichen Situationen überleben kann. Adrenalin und andere Hormone werden freigesetzt, und auf einmal spielt sich alles wie in Zeitlupe ab. Die Hirnareale, die für das vorausschauende und strukturierte Denken zuständig sind, treten in den Hintergrund. Die primitiven Gehirnareale, die schon unsere frühsten Vorfahren zur Verfügung hatten, übernehmen stattdessen die Führung. Sie ermöglichen sofortige Flucht- oder Kampfreflexe ohne langwierige Entscheidungsfindungsprozesse. Findest du dich in einer Gefahrensituation wieder, in der aufgrund von Aufregung, Panik oder Angst deine ureigenen Instinkte übernehmen, bleiben dir drei Möglichkeiten zu reagieren: Erstarren – Kämpfen – Fliehen (FREEZE – FIGHT – FLIGHT). Die Kampf-oder-Flucht-Reaktion ist ein von dem amerikanischen Physiologen Walter Cannon geprägter Begriff. Sie beschreibt die rasche körperliche und seelische Anpassung von Lebewesen in Gefahrensituationen als Stressreaktion. Cannon fand heraus, dass das Gehirn in einer Gefahren- oder Stresssituation Impulse über die Nervenbahnen an das vegetative Nervensystem sendet. Hierdurch wird im Körper Adrenalin freigesetzt, wodurch sich kurzzeitig das Herzvolumen, der Muskeltonus und die Atemfrequenz erhöhen. Der Körper schaltet also in den Überlebensmodus und bündelt die ihm zu Verfügung stehende Energie. Diese Energie kann entweder für den Kampf oder aber für die Flucht genutzt werden.

Anstatt zu kämpfen oder die Flucht zu ergreifen, kann es aber auch vorkommen, dass du zunächst wie gelähmt und zu keiner klaren Aktion in der Lage bist.

Vielleicht hast du schon einmal die Erfahrung gemacht, aufgrund von Adrenalin, Angst und Anspannung regelrecht zu erstarren. In solchen Situationen kann man sich kaum noch bewegen oder sprechen und hat das Gefühl, alles spiele sich in surrealer Zeitlupe ab. Dieses Erstarren ist evolutionär wohl darauf zurückzuführen, dass Raubtiere auf Bewegung reagieren und es daher sinnvoll sein konnte, sich im Angesicht einer Gefahr totzustellen. Heutzutage jedoch bringt ein Erstarren keinen Vorteil. Darauf zu hoffen, dass die Gefahr sich von allein in Luft auflöst, dürfte nur in den seltensten Fällen klappen. In Gefahrensituationen ist es vielmehr enorm wichtig, etwas zu tun. Du solltest den Gefahrenherd entweder verlassen oder gegen die Ursache vorgehen. Problematisch hierbei ist, dass es sich beim Erstarren um einen evolutionären Reflex handelt, bei dem es umstritten ist, ob sich dieser gänzlich abtrainieren lässt. Was man jedoch trainieren kann, ist, möglichst wenig in die Schockstarre zu verfallen und schnell wieder aus ihr herauszukommen. Hierbei helfen insbesondere spezielle Atemtechniken, die von Soldaten, Polizisten und anderen Einsatzkräften, die unter besonderer Anspannung stehen, angewendet werden. Auf diese Techniken wird an späterer Stelle noch genauer eingegangen werden. Zudem kannst du versuchen, deine Stressresistenz zu trainieren, indem du dich bewusst in Situationen begibst, in denen du dich unwohl fühlst, unter Stress stehst, Adrenalin ausschüttest und vielleicht sogar Angst hast. Nur auf diese Weise kannst du herausfinden, wie du dich im Ernstfall verhältst, und daran arbeiten, bestmöglich zu reagieren. Du könntest dich beispielsweise in einem Kampfsportverein anmelden und dort im Rahmen eines Sparrings gegen einen oder mehrere Gegner kämpfen. Obwohl dies natürlich keinen Kampf auf Leben und Tod darstellt und du darauf vertrauen darfst, dass dein Sparringspartner dich nicht ernsthaft verletzen wird, liegt doch eine richtige Stresssituation vor. Sparring stellt somit eine sehr gute Möglichkeit dar, das eigene Verhalten unter Stress zu trainieren. Durch ein solches Sparring konfrontierst du dich mit deinen Ängsten und lernst, mit ihnen umzugehen. Je besser und realistischer du trainiert hast, desto unwahrscheinlicher ist es, dass du im Ernstfall völlig erstarrst und somit handlungsunfähig bist.

Sobald du den Freeze-Effekt überwunden hast oder ihm vielleicht gar nicht erst verfallen bist, solltest du aktiv dafür sorgen, unverletzt aus der Bedrohungslage zu entkommen. Ein Urban Samurai lässt sich nicht unnötig provozieren. Wenn dich also irgendein Hohlkopf dumm von der Seite anredet, dann lächle freundlich oder versuche, die Situation durch Worte zu klären. Ist dies nicht möglich und du merkst, dass der andere dir etwas Böses will, dann nimm die Beine in die Hand und renn weg. In den meisten Situationen ist die intelligenteste Reaktion auf einen Angriff die Flucht. Handelt es sich um einen asozialen Angriff wie beispielsweise eine räuberische Erpressung, dann gib dem Aggressor dein Geld, deine Uhr oder was immer er haben will, und versuche auf diese Weise, der Situation zu entkommen.

Wichtig beim Weglaufen ist, dass du in die richtige Richtung fliehst. Versuche, dir daher schon frühzeitig einen Überblick über deine Umgebung zu verschaffen. Dies erreichst du am besten, indem du stets achtsam bist und im Samurai-Geist Zanshin, also dem gegenwärtigen und aufmerksamen Geist handelst. Betrittst du beispielsweise eine dunkle Nebenstraße, überlege dir, wohin du notfalls fliehen könntest. Bist du in einem Club oder auf einem Konzert, verschaffe dir einen Überblick, wo sich die Fluchtwege und Notausgänge befinden. Entscheide dich auch dann für die Flucht, wenn du der vermeintlich Stärkere bist. Hüte dich davor, aufgrund deiner körperlichen Überlegenheit davon auszugehen, dass dir nichts passieren kann. Natürlich kann es sein, dass dein Gegenüber bei dir an den Falschen geraten ist. Aber denke daran, es gibt immer jemanden, der besser und stärker ist. Und wie willst du ausschließen, dass der andere nicht doch ein Messer zieht oder ein paar Minuten später dessen Freunde auftauchen und dich gemeinsam attackieren?

Anders verhält es sich, wenn eine Flucht nicht möglich ist. Das kann verschiedene Gründe haben. Die einzige Fluchttür ist blockiert oder du bist in eine sprichwörtliche Sackgasse geraten. Außerdem kann es Situationen geben, in denen du zwar fliehen könntest, nicht aber dir nahestehende Personen. Ein Urban Samurai würde seine Familie, Freunde oder sonstige Schutzbedürftige nicht einfach ihrem Schicksal überlassen und selbst feige die Flucht antreten.

Wenn du in derlei Situationen merkst, dass eine Flucht nicht möglich ist, und du auch mit Worten nicht weiterkommst, dann bleibt dir nichts anderes übrig, als in den Kampf zu gehen und dich zu verteidigen.

Die nachfolgenden Handlungsratschläge und mentalen Einstellungen sind sowohl auf soziale als auch auf asoziale Gewaltangriffe anwendbar, wobei ausdrücklich davon ausgegangen wird, dass eine ernsthafte Gefahr für Leib oder Leben besteht und ein rechtswidriger Angriff unmittelbar bevorsteht. In derlei Situationen solltest du alles tun, um dich zu verteidigen.

Folgende Dinge solltest du dir klarmachen:

Die Realität ist kein Actionfilm

Du wirst wahrscheinlich nicht unverletzt aus der Sache herauskommen. Das gilt umso mehr für Situationen, in denen dein Gegner bewaffnet ist. Egal was für tolle Entwaffnungstechniken du trainiert hast, die Realität sieht meist ganz anders aus. Aber nur wer kämpft, hat auch eine Chance. Wer nicht kämpft, hat schon verloren.

Keine falsche Hemmung

Als zivilisierter Mensch ist es gar nicht einfach, einen anderen Menschen zu schlagen oder absichtlich ernsthaft zu verletzen. Wir sind von klein auf dazu sozialisiert worden, anderen keine Gewalt anzutun, und wurden getadelt, wenn wir andere Kinder geschlagen haben. Wenn du keine Kampfsporterfahrung hast, wird es dir daher wahrscheinlich komisch vorkommen, jemandem mit der Faust ins Gesicht oder auf den Körper zu schlagen. Besteht aber Gefahr für Leib und Leben, darfst du keine Hemmungen haben und musst dich zur Wehr setzen. Mache dir bewusst, dass dich hier jemand tatsächlich verletzen möchte und diese Menschen oftmals keine Hemmungen oder moralische Bedenken haben. Befindest du dich in einer ernsthaften gefährlichen Lage, aus der du nicht fliehen kannst, musst du in Kauf nehmen, den Angreifer zu verletzen.

Schlagen oder geschlagen werden

Wenn du merkst, dass der gegnerische Angriff unmittelbar bevorsteht, dann warte diesen nicht ab. Schlage du zuerst zu, und setze einen präventiven Verteidigungsschlag. In Gefahrensituationen kann ein Schlag über Sieg und Niederlage entscheiden. Auseinandersetzungen in derlei Situationen beginnen plötzlich und können innerhalb von Sekunden vorbei sein. Ein Schlag kann dich, aber auch deinen Gegner auf die Bretter schicken. Dies gilt vor allem dann, wenn der Angreifer nicht mit Gegenwehr rechnet.

Krieger-Mindset

Vollziehe einen Mind-Switch, und schalte in den Kriegermodus. Der Aggressor wird oftmals denken, du seist ein Opfer. Mit hoher Wahrscheinlichkeit hat er dich sogar ausgesucht, weil er davon ausging, dass du ein Opfer bist. Denn nur, wenn du ein Opfer bist, kann er zum Täter werden. Täter suchen sich daher bewusst Schwächere aus. Niemand verliert gerne. Ab dem Moment, in dem du dich dazu entschieden hast, zu kämpfen und Gegenwehr zu leisten, musst du gedanklich umschalten. Du gibst jetzt den Takt vor und überraschst deinerseits den Aggressor, indem du selbst aggressiv gegen diesen vorgehst. Mach dir klar, dass es um Leben und Tod gehen kann. Er oder du. So einfach. Wenn du dich wehren willst, gibt es keinen Weg zurück. Keine halben Sachen, sonst verlierst du. Schalte in den Kriegermodus. Hierdurch wird dein Gegner überrumpelt sein, da er eine konkrete Vorstellung davon hatte, was passieren würde. Und in seiner Vorstellung warst du das Opfer. Jetzt aber drehst du den Spieß um und bist auf einmal der aktiv Handelnde. Dieses Umschalten ist deine stärkste Waffe in Notwehrsituationen. Überrasche den Gegner mit einem Tritt in die Genitalien oder mit einem Handballen- oder Faustschlag ins Gesicht. Dein Gegner wird zunächst perplex sein und nicht wissen, wie ihm geschieht. Dies gibt dir Zeit, um ihm weiter zu bearbeiten und gegebenenfalls kampfunfähig zu machen, oder aber, um fliehen zu können.

Alltagsgegenstände nutzen

Wenn es um Leib und Leben geht, solltest du alles einsetzen, was dir zwischen die Finger kommt. Ein Aschenbecher, ein Bierkrug, ein Stuhl, ein Stift, dein Gürtel, ein Deospray oder

Ähnliches können bei richtiger Anwendung großen Schaden bewirken und dir helfen, den Angreifer außer Gefecht zu setzen, oder einen Moment zur Flucht öffnen. Insbesondere wenn dich jemand mit einem Messer oder einem spitzen Gegenstand angreift und dir keine Möglichkeit zur Flucht bleibt oder du jemand beschützen musst, musst du versuchen, Abstand zwischen dich und den Aggressor zu bringen, und dich vor der Waffe schützen. Nutze hierfür Alltagsgegenstände wie beispielsweise deinen Rucksack, deine Sporttasche oder einen Stuhl.

Es sei nochmals ausdrücklich darauf hingewiesen, dass diese Ratschläge selbstverständlich stets unter Anwendung des Verhältnismäßigkeitsgrundsatzes und nur in einer ernsthaften Gefahrenlage verwendet werden sollten.

Ein Meister und sein Schüler wandeln unter den
Blüten des Pflaumenhains in dem sorgsam
angelegten Garten. »Meister«, fragt der Schüler,
»warum lehrst du uns den Kampf, wo doch die
Weisen davon sprechen, den inneren Frieden zu
erlangen, und Gewaltlosigkeit preisen.
Wäre es nicht ein friedvollerer Zeitvertreib und
dem inneren Frieden zuträglicher,
wenn wir einen Garten anlegen würden?«
»Mein Schüler«, antwortet der Meister,
»ist es nicht besser, ein Krieger in einem Garten
zu sein als ein Gärtner in einem Krieg?
Ich lehre euch die Kunst des Kampfes,
damit ihr den Frieden auch in
unruhigen Zeiten erhalten könnt.«

unbekannt

Du weißt nun, auf welche Dinge du in einer Selbstverteidigungssituation achten musst und welche Geisteshaltung du brauchst, um unbeschadet entkommen zu können. Die Wahrheit ist aber auch, dass Übung erforderlich ist, um sich richtig und effektiv verteidigen zu können. Denn bereits der wohl berühmteste Samurai der Geschichte, Miyamoto Musashi, sagte, dass man nur auf die Weise kämpfen kann, auf die man zuvor geübt hat. Gerade aber unter Stress kommen unsere ureigenen Reflexe zum Vorschein. Vermeintlich gut Eingeübtes kann auf einmal nicht reproduziert und angewendet werden. Im Ernstfall kannst du dich daher nur auf Techniken verlassen, die du unter möglichst realen Bedingungen trainiert hast und die dir in Fleisch und Blut übergegangen sind. Gerätst du in einen Kampf, hast du keine Zeit, dir zu überlegen, was du als Nächstes tust. In einer solchen Situation ist automatisiertes Agieren erforderlich. Die Samurai nannten dies *Mushin* 無心, den »Nicht-Geist«. Mushin ist der Geist der Absichtslosigkeit. Der Geist, der weder bewertet noch beurteilt. Der Zustand des Mushin wird erreicht, wenn eine Person während eines Kampfes weder Wut noch Angst empfindet und kein »Ich-Bewusstsein« hat. Der Kämpfer reagiert ohne Zögern auf die Aktionen des Gegners. Er vertraut in diesem Zustand seiner Intuition und reagiert blitzschnell, ohne sich darüber Gedanken zu machen, was der nächste Zug des Gegners sein könnte. Der Geist arbeitet in diesem Zustand sehr schnell, jedoch ohne bestimmte Absichten oder Ziele.

Möchtest du den Geisteszustand des Mushin erreichen, sei es in Vorbereitung auf einen Kampf oder auf die Herausforderungen des alltäglichen Lebens, musst du dich in der von dir gewählten Disziplin üben und so lange trainieren, bis du das Erlernte abrufen kannst, ohne hierüber nachdenken zu müssen. Wie bei allen Fertigkeiten des Urban Samurai gilt auch hier, dass der Schlüssel zum Erfolg in Selbstdisziplin und beständiger konsequenter Übung liegt.

Reflexionsfragen

- Musstest du dich schon einmal körperlich verteidigen? Falls ja, wie kam es zu dieser Situation? Hätte sich die Situation aus heutiger Sicht verhindern lassen? Was hättest du anders/besser machen können?
- Weißt du, wie dein Körper in einer Bedrohungssituation reagiert? Falls ja, wie? Falls nein, wie denkst du, dass er reagieren wird?
- Ist die Anwendung von Gewalt für dich eine Option, um dich oder andere zu verteidigen?
- Was müsste geschehen, damit du Gewalt zur Verteidigung einsetzt?
- Auf wen verlässt du dich in einer gefährlichen Situation? Auf dich selbst oder auf dritte Personen?
- Achtest du auf deine Umgebung, wenn du einen neuen Ort aufsuchst?
- Was kannst du an dir ändern, um noch mehr mit Fudōshin, dem unerschütterlichen Herz, aufzutreten?
- Hast du schon einmal einen Kampfsystemkurs besucht? Falls nein, warum nicht?

Herausforderung

Absolviere eine Probestunde in einem Kampfsystem deiner Wahl, egal ob Boxen, Krav Maga, Karate, Aikidō, Thaiboxen, BJJ oder MMA oder eine andere Kampfkunst. Eine Probestunde ist die ideale Möglichkeit, auszuprobieren, ob dir ein System und der Anbieter zusagen. Alternativ kannst du dich auch zu einem Selbstverteidigungskurs anmelden.

Beachte, dass auch die Selbstverteidigung geübt werden muss, damit du die Techniken im Ernstfall auch anwenden kannst.

13

Verbale Attacken – Schlagfertigkeit

Buddha war gerade dabei, seine Lehren an einige Anhänger zu vermitteln, als ein Mann zu ihm kam, mit der Absicht, ihn zu attackieren, und ihn schlimm beleidigte. Unter den Blicken aller Anwesenden reagierte Buddha mit äußerster Gelassenheit und blieb vollkommen ruhig und still. Als der Mann ging, fragte einer seiner Anhänger, der von solchem Verhalten verärgert war, warum Buddha zugelassen hatte, dass ihn ein Fremder so beleidigt. Buddha antwortete ruhig: »Wenn ich dir ein Pferd schenke, du es aber nicht annimmst, wem gehört das Pferd dann?« Sein Schüler antwortete nach kurzem Zögern: »Wenn ich es nicht annehme, dann wäre es immer noch dein Pferd.« Buddha nickte und erklärte: »Auch wenn einige Menschen sich dazu entscheiden, ihre Zeit damit zu verschwenden, uns zu beleidigen, können wir dennoch entscheiden, ob wir diese Beleidigungen annehmen oder nicht, genauso wie wir es mit jedem anderen Geschenk machen würden. Wenn du es annimmst, akzeptierst du es. Und wenn nicht, bleibt derjenige, der dich beleidigt, einfach mit einer Beleidigung in den Händen zurück.«

Buddhistische Anekdote

Um jemanden zu verletzen, ist nicht zwangsläufig physische Gewalt erforderlich. Gerade Worte können eine tiefgreifende Wirkung haben und großen Schaden zufügen. Natürlich solltest du als Urban Samurai grundsätzlich dem Vorbild des Buddha folgen und Beleidigungen nicht an dich heranlassen. Denn nur, wenn du den Worten Bedeutung schenkst, können sie etwas in dir bewirken. Die Technik des Buddha funktioniert besonders gut, wenn man in keiner (besonderen) Beziehung zu dem Menschen steht, der die Beleidigung ausgesprochen hat.

Jeder kennt Situationen im privaten und beruflichen Alltag, in denen er von anderen Menschen verbal angegangen wurde. Bei derartigen Beleidigungen oder despektierlichen Äußerungen liegt nicht zwangsläufig ein Angriff mit asozialer oder sozialer Gewalt vor, obgleich auch hier eine starke soziale Komponente enthalten ist. Die ausgesprochene Beleidigung oder freche Bemerkung findet meist in einem sozialen und gesellschaftlichen Kontext, wie beispielsweise einem Meeting statt. Ziel des »Angreifers« ist meist, sich in der Gruppe oder jeweiligen Hierarchie besser- oder herauszustellen. Anstatt dies durch den Verweis auf eigene Leistungen oder Errungenschaften zu tun, wird hierfür eine andere Person benötigt, die niedergemacht wird, um sich selbst zu erhöhen. Auch wenn es ehrenvoll ist, sogar in derlei Situationen die Methode des Buddha anzuwenden, sollte ein Urban Samurai wissen, wie man sich gegen verbale Angriffe zur Wehr setzt und sie schlagfertig pariert.

Verbale Selbstverteidigung kann dir helfen, klar Nein zu sagen oder Dinge abzulehnen, mit denen du nicht einverstanden bist. Sicher kannst auch du dich noch an eine Situation erinnern, in der dich jemand beleidigt oder eine abfällige Bemerkung hat fallen lassen. Oftmals ist man genau in diesem Moment so perplex und im Modus des Erstarrens

(Freeze-Effekt), dass einem keine angemessene Reaktion einfällt und die Äußerung einfach unerwidert stehen bleibt. Wenig später fallen einem dann zahlreiche schlagfertige Antworten ein, die man hätte entgegenhalten können.

Das große Problem eines verbalen Angriffs ist in vielen Fällen nicht einmal die Beleidigung selbst, sondern ihre Wirkung – also der Freeze-Effekt, der eine angemessene Reaktion verhindert. Wie bei körperlichen Bedrohungssituationen schaltet der Körper in bestimmten Fällen auch bei Verbalattacken in den Überlebensmodus. Der Überlebensmodus ist aber nicht dazu geeignet, schlagfertige und rhetorisch gewiefte Konter zu generieren. Der Körper geht vielmehr davon aus, dass ihm eine physische Gefahr droht, und setzt daher alles daran, zu überleben. Hierzu schüttet der Körper große Mengen an Stresshormonen aus, die uns helfen sollen, entweder die Flucht zu ergreifen oder in den Gegenangriff zu gehen. Problematisch hieran ist, dass der Teil des Gehirns, der das rationale und kreative Denken ermöglicht, nicht aktiv ist. Daher versinkt man in derartigen Situationen oft in Sprachlosigkeit. Erst nachdem man sich wieder beruhigt und sich der Schleier gelegt hat, ist man wieder in der Lage, eine schlagfertige Antwort zu geben. Nur ist es dann schon zu spät.

Schlagfertigkeit ist etwas, worauf man erst 24 Stunden später kommt.

Mark Twain

Auch im Bereich der Rhetorik und der Abwehr von unangebrachten Äußerungen ist wieder an die Worte des legendären Samurai Miyamoto Musashi zu denken: Du kannst nur auf die Weise kämpfen, auf die du trainiert hast. Wie bei der Selbstverteidigung heißt der Schlüssel zur Überwindung des Freeze-Effekts ebenfalls: Übung! Je weniger vertraut dir eine

Situation ist, desto größer ist dein Stresslevel, und umso schwerer wird es dir in diesem Zustand fallen, clever zu reagieren. Doch Schlagfertigkeit lässt sich erlernen – sei es in Rhetorikkursen oder durch Bücher. Wie bei der physischen Selbstverteidigung gibt es auch in der Rhetorik spezielle Techniken, die man als Konter einsetzen kann. Um diese richtig verwenden zu können, musst du sie aber üben. Je öfter du sie einsetzt, desto leichter werden sie dir fallen. Irgendwann wirst du dann auf eine verbale Attacke reagieren können, ohne darüber nachzudenken. Du reagierst einfach und holst ohne zu überlegen zum Gegenschlag aus. Du handelst mit Mushin, dem Nicht-Geist.

Eine gute Möglichkeit, die eigenen Schlagfertigkeitstechniken zu verbessern, besteht darin, ein Schlagfertigkeitsheft zu führen. In dieses schreibst du alle Situationen, in denen du beleidigt wurdest, in einer Diskussion verloren hast oder auf andere Weise rhetorisch den Kürzeren gezogen hast. Du wirst sehen, dass es sich oftmals um ähnliche Situationen handelt. Bist du beispielsweise klein, dann könnten häufig Sätze fallen wie »Nicht schlecht für einen Zwerg!« oder »Willst du bei den Großen mitspielen?« oder dergleichen, denn Angreifer suchen sich oftmals gezielt die Schwachpunkte des Opfers und knüpfen an diese an. Wichtig ist daher zu analysieren, mit welcher Art von Verbalattacken du es besonders häufig zu tun hast und ob sich ein Muster erkennen lässt. Schau dir genau an, wie du in der konkreten Situation reagiert oder eben nicht reagiert hast.

Notiere dir dann Folgendes:

- In welcher Situation wurdest du, von wem, durch welche sprachliche Technik hereingelegt?
- Warum hat dieser Spruch so gut bei dir funktioniert? Warum hat er dich getriggert?

- Was kannst du tun, um in einer ähnlichen Situation nicht noch einmal darauf hereinzufallen?

Danach spielst du die Situation mit einer dir nahestehenden Person noch einmal durch. Diesmal verharrst du aber nicht im Freeze-Effekt, sondern erwiderst etwas mit einem schlagfertigen Spruch. Dadurch übst du, mit derlei Situationen umzugehen, und bist für den nächsten Ernstfall besser vorbereitet. Im Anhang des Buches findest du einige sofort anwendbare Techniken, mit denen du üben kannst.

Neben dem Wissen um konkrete Techniken sind vor allem Selbstsicherheit und Selbstbewusstsein in Situationen verbaler Angriffe essenziell. Das soll jedoch nicht heißen, dass du dich verstellen sollst. Jeder von uns ist unterschiedlich, und das ist gut so. Der eine tritt von Natur aus eher forsch auf, der andere ist eher schüchtern und zurückhaltend. Gehörst du eher zu Letzteren, so ist dies ist völlig in Ordnung und Teil dessen, wer du bist. Genauso ist es menschlich, dass wir abhängig von den Gegebenheiten manchmal eher extrovertiert sind, uns an anderer Stelle hingegen eher introvertiert verhalten. Gleichwohl kann dir ein selbstbewusstes Auftreten in Schlagfertigkeitssituationen dienlich sein. Je stärker deine Ki-Energie und dementsprechend dein Selbstbewusstsein ist, desto unwahrscheinlicher ist es, dass dich überhaupt jemand verbal attackiert.

Eine nicht zu unterschätzende Rolle beim Aufbau eines starken Selbstbewusstseins spielt in diesem Zusammenhang die Körperhaltung. Eine gute Körperhaltung beeinflusst den Geist und stärkt deine Ausstrahlung. Dein Gegenüber wird erkennen, dass in dir ein Kriegerherz schlägt, und dich mit Respekt behandeln. Achte daher stets auf eine aufrechte Körperhaltung und eine gute Körperspannung, egal ob du sitzt oder stehst. Vollführe außerdem keine unruhigen oder nervösen Bewegungen, rede stets mit kräftiger verständlicher Stimme und schaue deinem Gegenüber mit offenem festem Blick in die Augen.

Verbalangriffe werden in erster Linie auf deine Schwächen zielen. Mache dir diese bewusst, und überlege dir, wie du mit ihnen umgehst. Scheue nicht davor zurück, den Spruch deines Gegenübers zu kontern, selbst wenn deine Antwort noch nicht hundertprozentig ist. Du weißt ja: Übung macht den Meister. Wenn dir eine sofortige Reaktion mit Mushin, dem Nicht-Geist, noch nicht möglich ist, dann nimm zwei kurze Atemzüge, sammle dich und antworte erst dann auf die verbale Attacke. Beachte jedoch, dass deine Antwort innerhalb eines Zeitfensters von circa zwei Sekunden erfolgen muss, um ihre Wirkung zu entfalten.

Interkommunikative Selbstverteidigung

Ein weiterer Bereich der verbalen Selbstverteidigung ist die sogenannte interkommunikative Selbstverteidigung. Sie richtet sich nicht gegen eine Person, die uns beleidigt oder auf andere Weise verbal angeht. Vielmehr hat sie die Konfliktlösung zwischen einem selbst und anderen Personen, mit denen wir in einer irgendwie gearteten Beziehung stehen, zum Inhalt. Die interkommunikative Selbstverteidigung soll verhindern, dass eine Situation oder aber ein Verhältnis zwischen Personen derart eskaliert, dass man sich nur noch beleidigt oder aber gar nicht mehr miteinander spricht.

Die Methode *Naikan* 内観 wurde in Japan entwickelt und heißt so viel wie »innere Beobachtung«. Sie dient dazu, sich in Konfliktsituationen selbst zu reflektieren und das eigene Verhalten und die eigenen Vorstellungen zu hinterfragen. Durch die Anwendung standardisierter Fragen können die Beziehungen zu anderen Menschen und die Erwartungen an andere, aber auch an uns selbst, herausgearbeitet werden. Die Naikan-Methode lässt sich nahezu auf alle zwischenmenschlichen Beziehungen anwenden, seien es Beziehungen zu Familie, Partner oder Freunden oder Kollegen in der Arbeitswelt. Sie wird sowohl im psychotherapeutischen Bereich und Coaching wie auch im Berufsleben und weiteren Feldern verwendet. Durch die Naikan-Methode lässt sich der Schleier, der sich über manche Beziehungen gelegt hat und in vielen Fällen von einem selbst erschaffen wurde, lüften. Indem subjektive Erwartungen und daraus resultierende Irrtümer aufgedeckt werden, wird Klarheit in den Beziehungen geschaffen. Das Einfühlungsvermögen verbessert sich und Dankbarkeit kann sich einstellen. Die Naikan-

Methode ist deshalb so genial, weil sie sehr leicht anzuwenden ist und mehr oder weniger sofort. Sie besteht letztlich nur aus drei Fragen, die es zu beantworten gilt:

1. Was habe ich von Person XY bekommen?
2. Was habe ich Person XY gegeben?
3. Welche Schwierigkeiten habe ich Person XY bereitet?

Als Person XY kannst du jede beliebige Person aus deinem Umfeld einsetzen, zu der du eine Beziehung hast – ob es deine Eltern sind, dein Partner, Freunde oder aber Geschäftskollegen oder dein Arbeitgeber. Bei der ersten Frage versuchst du, so objektiv es dir möglich ist, zu reflektieren, was dir diese Person Gutes getan hat und welche guten Dinge in deinem Leben auf diese Person zurückgehen. Denke an materielle Zuwendungen, emotionale Unterstützung, Fürsorge, konstruktive Kritik, Verantwortung, Chancen oder etwas anderes, was dir geschenkt wurde. Wichtig ist, dass du hier nicht wertest, was du gerne bekommen hättest oder was du dir tatsächlich wünschst, sondern schlicht feststellst, was du der Person zu verdanken hast.

Die zweite Frage hat zum Inhalt, was du dieser Person Gutes getan hast. Auch diese Frage solltest du so objektiv es dir möglich ist beantworten, ohne dein Verhalten zu überhöhen oder herunterzuspielen. Aufzuführen sind nur Dinge, die du der Person freiwillig zuteil hast werden lassen. Musstest du für das, was du der Person gegeben hast, große Energie und Ressourcen aufwenden oder fiel es dir leicht, war es natürlich?

Wenn du die ersten beiden Fragen beantwortet hast, kannst du ein erstes kleines Zwischenfazit ziehen und schauen, wie deine Geben-Nehmen-Bilanz aussieht. Hält sie sich die Waage, oder tendiert sie eindeutig in eine Richtung? Hast du dieses Ergebnis erwartet, oder bist du überrascht? Wie fühlst du dich mit dem Ergebnis?

Die dritte Frage dient der weiteren Selbstreflexion und legt den Fokus darauf, in welcher Weise du und dein Verhalten der anderen Person Schwierigkeiten bereitet haben. Warst du der anderen Person gegenüber vielleicht unaufrichtig, untreu, unachtsam, hast Versprechen gebrochen, schlecht über sie geredet oder versucht, ihr zu schaden? Sei auch hier so ehrlich wie möglich. Beschönige nichts. Verwende auf diese Frage besonders viel Zeit und Aufmerksamkeit. Halte dich nicht zurück. Es passiert häufiger, dass wir – etwa durch unsere Selbstbezogenheit oder mangelnde Empathie und Achtsamkeit – einer anderen Person Probleme, Schmerzen oder Schwierigkeiten bereiten. Diese Frage dient dazu, unser eigenes Handeln und Verhalten besser zu erkennen und wahrzunehmen. Durch die Schärfung deiner Selbstwahrnehmung kannst du bewusster entscheiden, ob du bestimmte Handlungen und Verhaltensweisen künftig beibehältst oder aber änderst.

Die Naikan-Methode verfolgt einen positiven Ansatz und dient dazu, dich zu befähigen, dein Leben selbstbewusst und selbstverantwortlich zu gestalten. Wenn du die Welt als Urban Samurai verändern willst, dann musst du mit dir beginnen. Der Schwerpunkt der drei Fragen liegt auf den positiven Aspekten von Beziehungen und Dankbarkeit, Vergebung sowie Verzeihung spielen dabei eine große Rolle. Die Naikan-Methode konzentriert sich auf die Fakten und versucht, Emotionen so gut es geht außen vor zu lassen. Auf diese Weise kann die Kommunikation in einer Beziehung verbessert werden. Die Auseinandersetzung mit den Fragen und die Antworten, die gefunden werden, stärken die Basis der Beziehung und schaffen mehr Achtsamkeit für die andere Person.

Wenn du magst, kannst du die Naikan-Methode auch als

eine Art Achtsamkeitsübung am Ende des Tages, beispielsweise im Bett, anwenden. Hierfür suchst du dir eine Person heraus, mit der du am Tag zu tun gehabt hast und die du gerne in den Fokus deiner Übung stellen möchtest. Lasse nun deinen Tag Revue passieren, und überlege dir, was dir diese Person heute Gutes getan hat. Es muss sich nicht um große Dinge handeln. Es reicht schon ein liebes Wort, eine nette Geste oder Ähnliches. Hat dich die Person vielleicht unterstützt oder dir auf andere Weise geholfen? Frage dich dann, welche Unterstützung, Rat und Tat du dieser Person heute hast zugutekommen lassen. Abschließend stellst du dir die letzte Frage und reflektierst dein eigenes Verhalten dieser Person gegenüber am heutigen Tag.

Durch diese Achtsamkeitsübung lernst du dich und dein Verhalten anderen Menschen gegenüber besser zu beurteilen und trägst aktiv zum Gelingen einer Beziehung bei. Wahrscheinlich wirst du erkennen, dass du mehr erhalten und profitiert hast, als du bisher wahrgenommen hast. Die Naikan-Methode ist für den Urban Samurai sehr wertvoll, um seine eigene Empathie und Mitmenschlichkeit zu überprüfen und zu üben.

Reflexionsfragen

- Kannst du dich erinnern, wann du das letzte Mal beleidigt oder verbal durch eine andere Person herabgesetzt wurdest?
- Was war der Inhalt der despektierlichen Äußerung dir gegenüber?
- Hatte sie einen situationsbezogenen Inhalt und/oder war sie auf dich als Person gerichtet?
- Wurdest du schon öfters mit Äußerungen gleichen oder ähnlichen Inhalts konfrontiert oder verbal angegriffen?

- Könntest du die verbale Attacke durch eine clevere und schlagfertige Antwort parieren und die Situation dadurch lösen?
- Falls ja, überlege dir eine Antwort, und stelle dir im Geist vor, wie du sie geschickt als Parade verwendest.
- Wenn sich die Situation nicht durch einen Spruch lösen lässt, dann probiere, ob die Naikan-Methode geeignet ist, eine Lösung herbeizuführen.

Herausforderung

- Lege dir ein Schlagfertigkeitsheft an, und schreibe Situationen auf, in denen du verbal den Kürzeren gezogen hast. Analysiere die Situation, und überlege dir, weshalb dies der Fall war. Überlege dir, wie du in vergleichbaren Situationen das nächste Mal reagieren könntest.

14

Einen kühlen Kopf bewahren – Atmung

Befinden wir uns in einer brenzligen Situation, wie beispielsweise in einer Nothilfelage, einem verbalen Schlagabtausch oder unter sonstigem Stress, ist es oftmals nicht einfach, einen kühlen Kopf zu bewahren und mit den Geisteshaltungen wie dem unbewegten oder unerschütterlichen Geist zu agieren. Grund hierfür ist, dass unser Körper in derlei Situationen Stresshormone ausschüttet, der Herzschlag sich erhöht und der Atem flacher wird. Je schwächer deine Ki-Energie ist, umso heftigere Reaktionen zeigt der Körper. Glücklicherweise gibt es Möglichkeiten, dem entgegenzuwirken. Wie du bereits erfahren hast, stellt die Atmung neben Sport und Ernährung eine Möglichkeit dar, die nachgeburtliche Ki-Energie zu stärken. Mit der Atmung nehmen wir Ki von außen auf und es ist möglich, dieses Ki gezielt in unserem Körper zu lenken. Überdies lässt sich unser Geist – unsere geistige Energie – durch die Atmung beeinflussen. So kann beispielsweise eine bestimmte Atemweise Körper und Geist beruhigen und den Geist klären. Im Hinblick auf die Verbindung von Körper und Geist ist die Atmung ein Schlüsselelement. Dieses Wissen ist nichts Neues. Vielmehr weiß die Menschheit bereits seit Jahrtausenden um die Kraft des Atems und verbindet seit jeher den Atem mit dem Leben und sogar mit dem Göttlichen.

Durchschnittlich atmet ein Erwachsener etwa 12-mal pro Minute ein und aus. Allerdings kann die Atmung von sehr unterschiedlicher Qualität sein, etwa flach oder tief, schnell oder langsam. Eine »richtige« Atmung im Sinne einer tiefen, langsamen und freien Atmung, ist mit zahlreichen positiven Auswirkungen auf den Körper verbunden.[1] Was man unter richtiger Atmung versteht, werden wir uns gleich genauer anschauen. Zuvor sollen aber in diesem Zusammenhang noch verschiedene Atemmethoden mit unterschiedlichen Schwerpunkten und Effekten erwähnt werden. So verringert ein verlangsamter Atem etwa Anspannungen und senkt den Blutdruck. Außerdem können Stresshormone reduziert werden. Ein gesundes und bewusstes Luftanhalten kann die Produktion von weißen Blutkörperchen anregen, die für die Bekämpfung von Infektionen und Krankheiten zuständig sind. Atemübungen können außerdem helfen, die Muskeln zu stärken, indem sie diese mit mehr Sauerstoff und Energie versorgen.[2] Ein flacher Atem hingegen kann zu Sauerstoffmangel in den Muskeln führen und damit zu körperlichen Anspannungen. Eine gute Atmung unterstützt zudem eine gesunde Körperhaltung und umgekehrt. Auch wirkt sich eine volle tiefe Atmung positiv auf die Fortpflanzungsfähigkeit aus, da durch eine solche der Beckenboden gestärkt und der Blutfluss zu den Eierstöcken und Hoden erhöht wird. Nicht zuletzt ist es möglich, durch bestimmte Atemtechniken das Nervensystem zu beruhigen und den Körper in einen ruhigeren, entspannteren Zustand zu versetzen.

Eine gute und natürliche Atmung zeichnet sich insbesondere durch eine durchgängige Nasenatmung aus. Ein häufiges Atmen durch den Mund lässt hingegen auf eine unnatürliche und tendenziell ungesunde Atmung schließen. Ein weiteres Zeichen einer gesunden Atmung ist ein langsamer, rhythmischer und geräuschloser Atem, der bestenfalls über das Zwerchfell läuft. Dagegen deutet eine beschleunigte,

1 Hartley, 2021, S. 10f.

2 Vgl. Hartley, 2021, S. 11.

hörbare Brustatmung darauf hin, dass etwas nicht in Ordnung ist. Bevor du spezielle Atemtechniken kennenlernen wirst, die es dir ermöglichen, auch in Stresssituationen den Durchblick zu behalten, ist es wichtig zu verstehen, wie eine gesunde Atmung funktioniert[1].

- Beim Einatmen durch die Nase senkt sich das Zwerchfell, um Platz für die sich ausdehnenden Lungen zu schaffen, wodurch sich der Bauch nach außen wölbt. Der untere Rumpf und untere Rücken dehnen sich weich und vollständig aus. Der Atem sollte ruhig und mühelos fließen.
- Während des Einatmens kann man spüren, wie sich die Beckenmembran im Einklang mit dem Zwerchfell senkt.
- Die Rippen dehnen sich zu den Seiten hin aus.
- Der obere Brustkorb und der obere Rücken heben sich am Höhepunkt des Luftstroms beim Einatmen leicht an.
- Beim Ausatmen sollte die Luft durch die Nase ausströmen. Der Bauch kehrt sanft in seine Ruheposition zurück.
- Die Rippen kehren in die Ruhestellung zurück, wenn sich die Lunge entleert.
- Der obere Brustkorb kehrt ebenfalls in seine Ruheposition zurück.
- Der Atem sollte frei und ungehindert fließen. Das Einatmen fühlt sich gedehnt, energiespendend und mühelos an. Das Ausatmen erfolgt leise und sanft.

Eine gesunde Atmung bedeutet also auch, tief in den Ki-Energiespeicher Hara zu atmen.

1 Vgl. Hartley, 2021, S. 10 f.

Schon der Volksmund rät, dass jemand, der unter Anspannung steht, ein paarmal tief durchatmen soll. Das hängt damit zusammen, dass wir in Stresssituationen dazu neigen, flacher und über die Brust zu atmen. In diesem Zusammenhang gibt es eine spezielle Atemtechnik, die Box-Breathing oder auch Quadrat-Atmung genannt wird. Geprägt und bekannt gemacht hat sie der ehemalige Navy-Seal-Commander Mark Divine aus San Diego.[1] Das Box-Breathing wird von Soldaten und Polizisten benutzt, um in Stresssituationen zu entspannen und sich zu konzentrieren. Es stellt eine leicht zu erlernende Technik dar, mit der man sein Nervensystem regulieren und sich somit selbst beruhigen kann. Steckst du also beispielsweise in einer Gefahrensituation und merkst, dass der Freeze-Effekt einzugreifen droht, kann dir diese Technik helfen, klar zu denken und auf die Situation entsprechend verantwortungsvoll zu reagieren. (Wie sie genau ausgeführt wird, erfährst du einige Seiten weiter unten.)

Umgekehrt wirst du, wenn du hektisch atmest, keinen klaren Geist haben und nur schwer Entscheidungen treffen können. Daher bemüht sich der Urban Samurai um die richtige Atmung, die ihn auch dazu führt, den Zustand des unerschütterlichen Geistes Fudōshin oder auch Zanshin und Mushin zu erreichen. Natürlich eignen sich Methoden wie das Box-Breathing nicht nur zur Beruhigung und Angstbekämpfung in Ausnahmefällen, sondern auch und vor allem in Alltagssituationen, in denen wir unter Stress stehen – wie eine Auseinandersetzung mit dem Partner oder dem Chef, Fristendruck, Sorgen, Lampenfieber und derlei Dinge.

Es gibt Funktionen im Körper, die bewusst, und andere, die unbewusst ablaufen. Das willkürliche Nervensystem steuert alle Vorgänge, die einem bewusst sind und die man

1 Skuban, 2022, S. 205.

willentlich beeinflussen kann. Dies sind zum Beispiel gezielte Bewegungen von Armen, Beinen und anderen Körperteilen. Das vegetative oder auch autonome Nervensystem regelt hingegen die Abläufe im Körper, die sich nicht willentlich steuern lassen. Es ist ständig aktiv und reguliert beispielsweise Atmung, Herzschlag und Stoffwechsel. Das Faszinierende an unserer Atmung ist, dass es das einzige System des Körpers ist, das sowohl unbewusst als auch bewusst abläuft. Denn natürlich müssen wir uns nicht daran erinnern zu atmen. Wir atmen ganz von alleine, ohne dass wir darauf achten müssen, wann und wie wir ein- und ausatmen. Auf der anderen Seite können wir unsere Atmung aber steuern und dadurch wiederum auch teilweise das vegetative Nervensystem kontrollieren.

Dieses unterteilt sich in das sympathische und das parasympathische Nervensystem – Sympathikus und Parasympathikus. Beide wirken im Körper als Gegenspieler, zugleich ergänzen sie sich.

Das sympathische Nervensystem beherbergt das dir schon bekannte Kampf- oder Flucht-System (Fight-or-Flight) und schüttet in Stresssituationen Hormone aus, die das Herz schneller und kräftiger schlagen lassen oder die Atemwege ausweiten sowie die Darmtätigkeiten einstellen. Es bereitet einen Menschen somit auf körperliche oder geistige Leistungen vor. Bis zu einem gewissen Grad ist dies in herausfordernden Situationen von Vorteil, da der Körper spezielle Ressourcen zur Überwältigung der Herausforderung bereitstellt. Ein Herzschlag von etwa 145 Schlägen pro Minute hat durchaus Vorteile und setzt zusätzliche Kräfte frei. Steigt der Puls jedoch darüber, kann es zu Handlungseinschränkungen kommen und der Verstand ist nicht mehr klar.

Das parasympathische Nervensystem kümmert sich hingegen um die Ruhefunktionen des Körpers und sorgt für

Entspannung. Durch Atemtechniken wie das Box-Breathing ist es möglich, Einfluss auf das Nervensystem zu nehmen und dieses zu kontrollieren. Box-Breathing wird daher von Soldaten auch als Tactical Breathing bezeichnet, da es in Belastungssituationen die beiden Hauptakteure des autonomen Nervensystems – Sympathikus und Parasympathikus – in eine gute Balance bringt: entspannt, aber dennoch einsatzbereit.[1]

Du kannst das Box-Breathing nicht nur in Stress- und Belastungssituationen, sondern auch für deine Meditations- und Achtsamkeitsübungen verwenden. Generell kann der Atem beim Meditieren als Anker genutzt werden, zu dem man immer wieder zurückkehrt, wenn der Geist abschweift und sich das Gedankenkarussell zu drehen beginnt.

Die Box-Breathing-Technik

Die Box-Breathing-Technik besteht aus vier gleich langen Teilen: Einatmen, Halten, Ausatmen, Halten.

Du kannst jeden dieser Teile eine beliebige Sekundendauer lang ausführen, wobei sich für den Beginn eine jeweilige Dauer von 4 Sekunden anbietet. Starte deine Atemtechnik, indem du zunächst einmal komplett ausatmest, also so viel wie möglich Luft aus deiner Lunge presst. Dann verfährst du folgendermaßen:

1. Atme 4 Sekunden durch die Nase ein, und spüre, wie die Luft über deine Lungen in deinen unteren Bauch zum Hara dringt.
2. Halte den Atem nun für eine weitere Dauer von 4 Sekunden an.

1 Skuban, 2022, S. 208.

3. Atme im Anschluss 4 Sekunden lang durch den Mund aus, und achte darauf, dass bei Sekunde oder Zählzeit 4 die meiste Luft aus deinen Lungen entwichen ist.
4. Zum Schluss des Durchgangs hältst du mit leeren Lungen den Atem erneut für eine Dauer von 4 Sekunden an.

Wiederhole diesen Zyklus für fünf bis zehn Minuten. Passe je nach Empfinden die Seitenlängen des Quadrats so an, dass es sich für dich gut anfühlt. Zu Beginn sind dir vier Sekunden vielleicht zu lange. In diesem Fall reduziere die Dauer einfach auf drei oder zwei Sekunden. Genauso ist es möglich, die Dauer zu erhöhen und bis auf acht Sekunden oder mehr auszudehnen, wenn das für dich das Richtige ist. Wenn du experimentierfreudig bist, kannst du auch die jeweiligen Seiten der Box unterschiedlich lang beatmen und beobachten, was sich verändert.

Neben dieser klassischen Box-Breathing-Methode gibt es noch eine weitere Variante von Mark Divine, die der Atemexperte Ralph Skuban[1] als »Special-Box« bezeichnet. Sie balanciert das autonome Nervensystem, trainiert die CO_2-Toleranz und ist förderlich für Herzrate und Blutdruck. Die Special-Box benötigt circa 22 Minuten.

Special-Box

- Atme nach dem Muster 3–6–6–3. Du atmest also 3 Sekunden ein, hältst 6 Sekunden den Atem an, atmest dann 6 Sekunden aus und hältst dann wieder 3 Sekunden den Atem an. Das machst du fünf Minuten lang.

1 Skuban, 2022, S. 208.

Achte beim Einatmen darauf, den unteren Bauch gut mit Luft zu füllen. Beim Ausatmen wiederum solltest du so vollständig wie möglich die Luft herauslassen.

- Atme dann nach dem Muster 4–8–8–4. Du atmest also 4 Sekunden ein, hältst den Atem für 8 Sekunden, atmest im Anschluss 8 Sekunden aus und hältst den Atem zum Schluss für 4 Sekunden an. Dies machst du 10 Minuten lang.
- Im Anschluss atme nach dem Muster 5–10–10–5. Atme in diesem Rhythmus für weitere fünf Minuten.
- Zuletzt kehrst du für 2 Minuten zum anfänglichen Rhythmus 3–6–6–3 zurück.

Dieses Special-Box-Breathing führt zu einer starken Verlangsamung der Atmung. So atmet man in der zweiten und dritten Phase nur noch zweimal in der Minute ein und aus. Die Hälfte der Zeit atmet man gar nicht und nur ein Sechstel der Gesamtzeit erstreckt sich auf die Einatmungsphase. Oder anders: Bei einer 22-minütigen Übung hältst du ganze 11 Minuten die Luft an. Untersuchungen legen nah, dass das Üben längerer Atempausen positive Auswirkungen auf den Organismus hat und beispielsweise die Durchblutung des Gehirns für bis zu 30 Minuten nach der Atempause um das Dreifache erhöhen kann.[1]

Mark Devine zufolge hat das spezielle Box-Breathing zahlreiche gute Wirkungen, die von physischer und emotionaler Ausgeglichenheit bis hin zu spirituellen Erfahrungen reichen.

Das Wertvolle am Box-Breathing ist, dass diese Atemtechnik dir ein Instrument an die Hand gibt, mit dem du die Kontrolle über dich selbst sofort und ohne weitere Hilfsmit-

1 Skuban, 2022, S. 209.

tel zurückerlangen kannst. Du kannst das Box-Breathing sowohl im Ruhezustand, beispielsweise während des Meditierens als Atem-Anker oder vor dem Einschlafen im Bett, als auch in einer aktiven und stressvollen Phase nutzen. Mache dich mit der Technik vertraut und übe sie regelmäßig, damit du sie, wenn es darauf ankommt, auch problemlos abrufen und anwenden kannst.

Reflexionsfragen

- Hast du dir schon einmal aktiv Gedanken über deine Atmung gemacht?
- Hat dir deine Atmung schon einmal Probleme bereitet?
- Überprüfe, ob du überwiegend in die Brust oder in den Bauch atmest.
- Atmest du eher durch den Mund oder durch die Nase?
- Wie verhält sich deine Atmung unter Stress? Was kannst du beobachten?
- Wie lange kannst du die Luft anhalten?

Herausforderung

- Mache jetzt an Ort und Stelle für 5 Minuten eine Runde Box-Breathing.

TAI

Körper

体

15

Körper und Geist – Fitness

Um ein perfekter Krieger zu werden, strebten die Samurai danach, Körper und Geist in Einklang zu bringen. Ist das Gleichgewicht zwischen Körper und Geist gestört, geht es uns nicht gut. Oftmals wissen wir gar nicht, was uns fehlt, da wir das Feingefühl für unseren Körper und den darin wohnenden Geist verloren haben. Sind Körper und Geist hingegen in Balance, fühlen wir uns wohl. Dieser Zustand ist von einer starken Ki-Energie, Gesundheit und Vitalität geprägt. Die Balance zwischen Körper und Geist ist daher von größter Wichtigkeit für ein aktives und erfülltes Leben. Nicht nur die Samurai, auch die alten Römer wussten, dass in einem gesunden Körper auch ein gesunder Geist wohnt: *mens sana in corpore sano*. Leider scheint die westliche Welt dies vergessen zu haben und tut oft so, als ob man Körper und Geist voneinander trennen könnte.

Schwarz und Weiß, wir und die anderen, Naturwissenschaft und Spiritualität, Gott und Menschen oder eben Körper und Geist: Das dualistische Weltbild ist in der westlichen Welt weit verbreitet. Es verkennt jedoch, dass unser Universum keine klaren Trennlinien kennt. Denn die Übergänge in unserer Welt sind fließend. Wo endet die Welle und wo beginnt das Meer? Wann endet die Nacht und wann beginnt der neue Tag? Gleichwohl geistert bereits seit Jahrhunderten der Irrglaube durch die westliche Philosophie, es handele sich bei Körper und Geist um zwei voneinander unabhängige Systeme, wie es etwa vor über 400 Jahren René Descartes behauptete. Er war der Meinung, dass wir unserem Körper nicht trauen dürfen, da rationale und richtige Entscheidungen unserem Kopf vorbehalten seien, schreibt Christian Ankowitsch.[1] Der Körper sei letztlich nur eine Maschine, die das Gehirn spazieren trägt. Mittlerweile wurde diese Auffassung zwar widerlegt und es ist bewiesen, dass Kopf und Körper nur gemeinsam denken können. Gleichwohl hält sich diese Vorstellung bis heute hartnäckig. Sie spiegelt sich nicht zuletzt in der modernen Schulmedizin wider, die Körper und Geist oftmals als voneinander unabhängig ansieht. Auch heute noch gibt es Theorien, wonach der Mensch letztlich auf sein Gehirn reduziert werden könne. Demnach sei es möglich, isoliert vom Körper weiterzuleben, würde es nur gelingen, das Gehirn auf andere Weise, also ohne Körper am Leben zu erhalten. Auch wenn sich Gehirne in Nährstofftanks sehr nach Science-Fiction anhören, wird tatsächlich versucht, derlei Gedankenspiele in die Tat umzusetzen. Wissenschaftler arbeiten bereits daran, das menschliche Gehirn in eine virtuelle Realität hochzuladen. Es geht letztlich darum, ein Back-up des menschlichen Gehirns zu erstellen und dieses dann in den Cyberspace zu laden. Auf diese Weise wäre man praktisch unsterblich. Schöne neue Welt.

Zumindest gegenwärtig ist das menschliche Gehirn jedoch nicht in der Lage, ohne Körper zu leben. Vielmehr braucht das Gehirn den Körper nicht nur, um es mit Sauerstoff und Wahrnehmungen zu versorgen, sondern auch, um die Welt zu begreifen.[2] Denn unser Gehirn vergewissert sich jede Sekunde, dass es sich in einem stabilen und klar umgrenzten Körper befindet, der sich selbst fühlen kann. Wir bekommen davon nichts mit, weil es für uns selbstverständ-

1 https://www.blinkist.com/de/books/warum-einstein-niemals-socken-trug-de (abgerufen am 07.08.2023)

2 https://www.blinkist.com/de/books/warum-einstein-niemals-socken-trug-de (abgerufen am 07.08.2023)

lich ist. Der Körper ist das Fundament aller Erfahrungen, die wir in dieser Welt machen. Mit ihm bewegen wir uns, an ihm müssen wir uns orientieren. Ohne räumliche Vorstellung wären wir vollkommen verloren. Alles, was wir tun, nehmen wir im Normalfall mit all unseren fünf Sinnen wahr. Unser Gehirn verarbeitet die eingehenden Sinneseindrücke gleichzeitig und speichert diese auch zusammen ab.

Unser Körper und unsere Gefühle beeinflussen sich ebenfalls gegenseitig.[1] Wir drücken unsere Gefühle durch unseren Körper aus. Wenn wir traurig sind, lassen wir die Schultern hängen, wenn wir uns freuen, strahlen wir über das ganze Gesicht. Dieser Gleichlauf funktioniert auch in die andere Richtung. Indem wir unsere Körperhaltung ändern, können wir dadurch unsere Stimmung und unsere Gefühle beeinflussen. Beispielsweise erzeugen eine aufrechte Haltung, eine offene Körpersprache und weite Gesten ein stärkeres Aktivitäts- und Dominanzgefühl.[2]

Unser Gesichtsausdruck hat ebenso einen großen Einfluss auf unsere Gefühle. Mit ihm können wir Gefühle aus dem Nichts entstehen lassen. Wenn wir beispielsweise lächeln, hebt sich unsere Laune von selbst. All dies zeigt, dass man Körper und Geist nicht einfach trennen kann. Das Bestreben der Samurai, eine Harmonie von Körper und Geist zu erreichen, ist also nicht bloß eine leere Floskel.

Nachdem du bereits mit Übungen für den Geist vertraut bist, wirst du im Folgenden Übungen kennenlernen, mit denen du deinen Körper fit und gesund hältst.

Während die Samurai sich kontinuierlich in den Kriegskünsten übten und sich somit täglich körperlich ertüchtig-

1 https://www.blinkist.com/de/books/warum-einstein-niemals-socken-trug-de (abgerufen am 07.08.2023)

2 https://psycnet.apa.org/doiLanding?doi=10.1037%2Fbul0000356 (abgerufen am 07.08.2023)

ten, sitzen viele von uns den ganzen Tag am Schreibtisch und lassen sich abends erschöpft auf die Couch fallen. Hier musst du aktiv gegensteuern. Ein Leben ohne Bewegung ist eine Negativspirale, die zu gesundheitlichen und letztlich auch psychischen Gebrechen führen kann. Bewegung ist Leben. Stillstand bedeutet Tod. Es ist also wichtig, beweglich und fit zu bleiben.

Doch was ist eigentlich Fitness? Überraschenderweise gibt es keine allgemeingültige Definition. Laut Wikipedia wird unter Fitness »im Allgemeinen körperliches und oft auch geistiges Wohlbefinden verstanden. Fitness drückt das Vermögen aus, im Alltag leistungsfähig zu sein und Belastungen eher standzuhalten.«[1]

Ein Urban Samurai strebt nach einer umfassenden körperlichen Leistungsfähigkeit, das bedeutet, er versucht, eine möglichst große Vielseitigkeit an körperlichen Fähigkeiten zu erreichen. Denn diejenigen, die nur auf einem Gebiet trainiert sind, haben fast immer an anderer Stelle eine Schwäche. Beispielsweise hat ein Marathonläufer viel Ausdauer, aber nur wenig Muskelkraft. Ein Bodybuilder hingegen verfügt über viel Kraft, aber nur über wenig Ausdauer und Stamina. Versuche daher, Muskelkraft, Ausdauer, Schnelligkeit und Beweglichkeit alle gleichsam zu trainieren.

Ein guter Weg, einen ausgewogenen Fitnesslevel zu erreichen, besteht im Training mit dem eigenen Körpergewicht (Bodyweight-Training). Diese Art des Trainings stellt eine natürliche Methode dar, bei der alle Muskeln auf funktionelle Weise zusammenarbeiten. Beim klassischen Training mit Gewichten werden gezielt einzelne Muskeln angesprochen. Beim Bodyweight-Training hingegen werden viele Muskelgruppen gleichzeitig trainiert und in die Bewegung einge-

1 https://de.wikipedia.org/wiki/Fitness (abgerufen am 07.08.2023)

bunden. Das Training mit dem eigenen Körpergewicht ist daher äußerst effizient und fördert neben den verschiedenen Aspekten der Fitness auch die koordinativen Fähigkeiten. Außerdem ist das Verletzungsrisiko weit geringer als beim Training mit schweren Gewichten, da das Training auf natürlichen Bewegungsabläufen basiert.

Ziel eines Urban Samurai ist es, dauerhaft gesund und fit zu sein. Hierfür müssen bis ins hohe Alter Muskeln aufgebaut und erhalten werden. Viele Menschen nehmen mit dem Alter an Gewicht zu. Das liegt daran, dass der Körper im Alter dazu neigt, Muskelmasse abzubauen. Dieser Verlust an Muskelmasse hat aber wiederum Auswirkungen auf den Stoffwechsel, der sich verlangsamt. Der Stoffwechsel ist der Grund, warum man als junger Mensch meist unbegrenzt essen kann, ohne merklich an Gewicht zuzunehmen. Je älter man hingegen wird, desto mehr macht sich das ein oder andere Kilogramm auf der Waage bemerkbar. Der Kniff besteht also darin, seinen jugendlichen Stoffwechsel wieder zu erlangen oder diesen erst gar nicht zu verlieren, indem man Muskeln aufbaut. Das schafft man am besten durch Krafttraining.

Natürlich gibt es mehrere Wege, um in Form zu kommen und fit zu werden. Das Training mit dem eigenen Körpergewicht hat aber einen entscheidenden Vorteil: Du kannst immer und überall trainieren, in deiner Wohnung, im Hotelzimmer oder in der Abgeschiedenheit der Natur, und du benötigst keinerlei Equipment oder Trainingspartner. Bodyweight-Training lässt sich leicht in jeden Alltag integrieren und ist außerdem denkbar einfach. Viele der Grundübungen kennt jeder ohnehin, beispielsweise Klassiker wie:

- Liegestützen
- Kniebeugen

- Ausfallschritte
- Bauchaufzüge
- Beinheber
- Klimmzüge
- Planke
- Hampelmänner
- Hocksprünge
- Burpees

Hinzu kommt, dass sich fast jede dieser Übungen nahezu endlos variieren lässt.

Wenn du mit dem Bodyweight-Training loslegen willst, kannst du auch auf eine der zahlreichen Fitness-Apps zurückgreifen oder dir ein Buch zu diesem Thema besorgen. Für den Fall, dass du bislang gar keinen oder nur sehr wenig Sport gemacht hast oder dir schlicht die Zeit und Motivation für ein längeres Training fehlen, solltest du die sogenannte 7-Minuten-Methode mittels einer App ausprobieren. Bei der 7-Minuten-Methode absolvierst du verschiedene Eigenkörpergewichtübungen für jeweils 30 Sekunden. Meist handelt es sich um 10 bis 12 verschiedene Übungen, die du hintereinander mit einer Pause von nur 10 Sekunden durchführst. Das Training ist also fast wieder vorbei, ehe es begonnen hat. Zumindest zeitlich gesehen. Obwohl das Training wirklich kurz ist, wirst du merken, dass es diese sieben Minuten ganz schön in sich haben können. Aber keine Sorge. Bereits nach wenigen Einheiten werden dir die Übungen leichterfallen. Auch wirst du bereits nach kurzer Zeit Fortschritte in Bezug auf deine Fitness erkennen. Ein 7-Minuten-Training ist somit eine hervorragende Möglichkeit, gesund und fit zu bleiben.

Natürlich lassen sich kurze Work-outs mit dem eigenen Körpergewicht auch problemlos ohne App und Handy durchführen. Die Work-outs dauern meist nicht länger als

10 bis 15 Minuten, sorgen aber für eine gewisse Grundfitness. Nachfolgend lernst du drei Trainingsprogramme kennen, die du immer und überall ausführen kannst.

URBAN-SAMURAI-Bodyweight-Work-out – »no excuses«

Dieses Work-out ist minimalistisch und basiert auf den absoluten Grundlagen. Daher gibt es bei diesem Work-out wirklich keine Ausreden. Es ist für jeden geeignet und trägt dazu bei, die Grundfitness aufzubauen oder zu erhalten. Stell dir deinen Timer auf 5, 10 oder 15 Minuten. Dann führst du die Übungen aus, bis die Zeit abgelaufen ist.

1. 20 lockere Faustschläge auf der Stelle (Jab/Cross)
2. 20 Ausfallschritte (nach vorne oder hinten)
3. 10 Liegestütze (wenn du hierfür zu schwach bist, erst mal auf den Knien)
4. 20 Bauchaufzüge
5. 20 Kniebeugen
6. Wieder von vorne, bis die Zeit abgelaufen ist.

URBAN-SAMURAI-Bodyweight-Work-out – »10–10–10«

Dir ist das Training noch immer nicht einfach genug? Dann kommt hier ein Work-out, das nur wenige Minuten in Anspruch nimmt und dir trotzdem das Gefühl gibt, etwas getan zu haben. Natürlich kannst du die Anzahl der Wiederholungen oder Runden nach Belieben erhöhen. Dieses Work-out ist derart kurz und prägnant, dass es sich überall im Alltag einbauen lässt, sei es auf dem Gang im Büro, im Bad oder sogar beim Warten auf den Bus.

1. 10 Liegestütz
2. 10 Bauchaufzüge
3. 10 Kniebeugen

URBAN-SAMURAI-Work-out Spezial – Mabu, der Reiterstand der Shaolin

Wenn du deinem Training noch eine kleine Prise Kampfkunst-Feeling hinzufügen willst, dann kommt jetzt eine Übung, die sich hervorragend als Abschlusseinheit für ein Training anbietet. Diese Übung ist perfekt dafür, Selbstdisziplin, Durchhaltevermögen und Willensstärke zu trainieren. Der sogenannte Reiterstand (*Mabu*) geht zwar nicht auf die Samurai, sondern auf die Shaolin-Mönche Chinas zurück. Allerdings kennen auch die japanischen Kampfkünste der Samurai diese Position. Sie wird dort als *Kiba-Dachi* 騎馬立 oder *Shiko-Dachi* 四股立 bezeichnet.

Der Reiterstand ist eine der wichtigsten Haltungen im Kung-Fu und wird von den Shaolin-Mönchen jeden Tag trainiert – egal welches Level oder Niveau der Mönch hat. Diese Stellung, bei der man in einer breiten Kniebeuge-Position steht, ist eine der grundlegenden Positionen, aus denen sich die Kampftechniken und Bewegungsformen im Shaolin Kung-Fu zusammensetzen. Vielleicht hast du den Reiterstand schon einmal in einem älteren Kung-Fu-Film gesehen. Dort wird er oft herangezogen, um zu demonstrieren, was für ein knallhartes Training der Schüler auf dem Weg zur Meisterschaft durchlaufen muss. Als ob die Stellung für sich noch nicht schwer genug wäre, bekommt der Schüler noch Wasserschalen auf den Kopf, die Oberschenkel oder die Arme gestellt, die unter keinen Umständen herunterfallen dürfen.

Auch ohne dies kann sich jeder die Vorteile des Reiterstandes für das tägliche Training zu eigen machen. Denn bei Mabu handelt es sich um einen Kraftstand, der Körper und Geist gleichermaßen trainiert und daher wunderbar geeignet ist, die Ki-Energie zu kultivieren. Durch den Reiterstand wird die Muskulatur auf eine spezielle Weise trainiert. Der ganze Körper wird geformt und umstrukturiert. Die Bein- und Rückenmuskulatur wird gestärkt und die Wirbelsäule aufgerichtet. Außerdem gewinnst du eine ganz neue Wahrnehmung für deinen Körperschwerpunkt.

Zwar ist der Reiterstand gewissermaßen eine simple Technik, aber er wird sehr schwierig, sobald du versuchst, ihn länger als eine Minute zu halten. Hierfür ist enorm viel Willenskraft erforderlich. Ab einer gewissen Dauer jedoch gerät man nahezu in einen meditativen Zustand, in dem die Konzentration gezielt auf die Atmung, die Körperhaltung und das Energiezentrum gerichtet werden sollte. Ganz entscheidend dafür, wie lange man Mabu ausführen kann, sind die Willenskraft und die Geistesstärke. Denn schon nach kurzer Zeit ermüden die Muskeln und fangen an, zu zittern und zu brennen. Sobald dies geschieht, kommt der Impuls, aufzugeben und die Haltung zu verlassen. Taste dich daher langsam an den Reiterstand heran und versuche zunächst, die Haltung 30 Sekunden zu halten. Gelingt dir dies ohne große Schwierigkeiten, dann kannst du die Dauer schrittweise verlängern.

Dies sind weitere Tipps, wie du den Reiterstand richtig ausführst:

- Setze deine Füße etwa in doppelter Schulterbreite parallel ab.
- Halte deinen Rücken gerade und deine Oberschenkel parallel zum Boden. Es handelt sich um eine ähnliche Position wie bei einer Kniebeuge, nur in einem etwas brei-

teren Stand. Um zu kontrollieren, ob du die Stellung richtig ausführst, kannst du dir auch einen Besenstiel auf die Oberschenkel legen. Führst du den Reiterstand richtig aus, rollt dieser weder deine Knie herab noch in Richtung deines Bauches.

- Es gibt verschiedene Variationen, was die Haltung der Arme anbelangt. Du kannst sie entweder in Schulterhöhe austrecken und dabei die Handflächen nach vorne und die Fingerspitzen nach oben zeigen lassen. Eine weitere Möglichkeit besteht darin, die Arme vor dem Körper auszustrecken und leicht nach innen zu krümmen, wobei die Handflächen nach innen zeigen, als wolltest du einen Baum umarmen.
- Verweile in der Reiterstellung, und versuche, deinen Geist über die Atmung trotz der muskulären Anspannung zu entspannen.

Reflexionsfragen

- Wie oft machst du in der Woche Sport und wie lange dauert eine Trainingseinheit?
- Welche Ziele verfolgst du mit deinem Fitnessprogramm?
- Welche Sportarten oder Fitnessarten bevorzugst du und warum?
- Wie variierst du dein Training, um Abwechslung und neue Herausforderungen zu schaffen?
- Wie motivierst du dich, dein Programm auch an einem »schlechten Tag« durchzuziehen?
- Hast du dich mit deinem Training auseinandergesetzt und überprüft, ob es mit deinen Zielen im Einklang steht?
- Empfindest du dein Fitnessprogramm als Last oder als Bereicherung?

Herausforderung

- Absolviere für eine Woche jeden Morgen ein 7-Minuten-Workout oder eines der oben dargestellten Work-outs.

16

Energieaufnahme – Ernährung

Das beste Training hilft nichts, wenn man sich nicht gut und ausgewogen ernährt. Durch deine Ernährung bestimmst du, welchen Kraftstoff du aufnimmst, damit Körper und Geist gut funktionieren können. Gute Ernährung baut eine starke Ki-Energie auf und hält den Körper gesund. Schlechte Ernährung hingegen kann dazu führen, dass die Ki-Energie aus dem Gleichgewicht gerät. Dies kann sich in Unsportlichkeit, Übergewicht, Krankheit oder Missmut äußern. Mittlerweile ist das Thema Ernährung eine Wissenschaft für sich. Im Grunde genommen kann man es aber auf den alten Spruch »Du bist, was du isst!« herunterbrechen.

Hast du dir schon einmal vor Augen geführt, zu was für einem schier unglaublichen Wunder unser Körper in der Lage ist? Er kann Dinge, die er konsumiert, innerhalb von wenigen Stunden in sich selbst verwandeln und sich einverleiben. Isst du am Vormittag einen Apfel, dann ist dieser Apfel wenige Stunden später bereits zu einem Teil von dir geworden.

Ernährung ist ein sensibles und individuelles Thema. Eben deshalb solltest du dich hiermit auseinandersetzen und dich und deine Gewohnheiten von Zeit zu Zeit überprüfen und hinterfragen. Hinsichtlich der »richtigen« Ernährung gehen die Meinungen stark auseinander und unablässig erscheinen neue Studien und Trends, die ein langes und gesundes Leben versprechen. Die wahrscheinlich häufigste Ernährungsform ist die des »Allesessers«, bei der man einfach isst, worauf man Appetit hat, und sich keine weiteren großen Gedanken macht. Oft ist dies eine fleischhaltige Mahlzeit mit Gemüse als Beilage, manchmal ist es etwas Vegetarisches, eher selten etwas Veganes. Als Alles- oder Normalesser kann man sich sowohl ausgewogen und gesund als auch ungesund ernähren, beispielsweise, wenn man hauptsächlich Fast Food oder Fertiggerichte isst. Darüber hinaus gibt es zahlreiche weitere Ernährungsformen, wie beispielsweise die nachfolgenden:[1]

Vegetarische Ernährung

Die vegetarische Ernährungsweise ist eine fleischfreie Ernährungsform. Vegetarier verzichten auf Fleisch und Fisch, nehmen aber meist andere tierische Erzeugnisse wie Milch und Eier zu sich. Es gibt hier auch bestimmte Unterformen wie etwa Pescetarier, die zwar kein Fleisch, aber Fisch essen.

Vegane Ernährung

Die vegane Ernährungsweise ist eine tierfreie Ernährungsform. Veganer meiden jegliche Produkte tierischer Herkunft, also auch Milch, Milchprodukte und Eier. Stattdessen greifen sie auf pflanzliche Alternativen wie beispielsweise Hülsenfrüchte, Soja und Tofu und sonstige pflanzliche Proteinquellen zurück.

1 https://utopia.de/vegan-paleo-rohkost-diese-ernaehrungsformen-sind-aller-munde-2123/ (abgerufen am 07.08.2023)

Flexitarische Ernährung

Eine flexitarische Ernährungsweise bedeutet, dass man ab und zu bewusst auf Fleisch verzichtet. Flexitarier essen meist einfach nur etwas weniger Fleisch und Fisch als die Durchschnittsbevölkerung. Oftmals wird nur an bestimmten Tagen Fleisch gegessen und an anderen Tagen bewusst eine vegetarische oder vegane Ernährung bevorzugt.

Paleo

Paleo ist eine Ernährungsform, die sich daran orientiert, was unsere steinzeitlichen Vorfahren mutmaßlich zu sich genommen haben. Man nennt diese Ernährungsweise auch Steinzeit- oder Urzeiternährung. Die Ernährungsform basiert auf der Theorie, dass unser Körper nur diese Lebensmittel richtig verarbeiten kann. Erlaubt sind vor allem Fleisch, Fisch, Eier, Gemüse, Obst, Samen, Nüsse und einige Fette. Ausgeschlossen sind hingegen Getreide, Hülsenfrüchte, Zucker, Milchprodukte, Zusatzstoffe und stark verarbeitete Fette, mithin alle verarbeiteten Lebensmittel.

Clean Eating

Clean Eating nennt man eine Ernährungsform, die ohne Industriewaren auskommt. Die wichtigste Regel des Clean Eating lautet, dass man nur natürliche Lebensmittel verzehren soll. Clean Eater versuchen, auf verarbeitete Lebensmittel (Konservierungsmittel, Zusatzstoffe) komplett zu verzichten. Außerdem soll man bei dieser Ernährungsweise fünf bis sechs kleine Mahlzeiten pro Tag zu sich nehmen, viel Wasser trinken, Zucker und Weißmehl weitgehend meiden sowie viel frisches Obst und Gemüse essen. Tierische Produkte sind erlaubt, solange sie nicht verarbeitet sind.

Rohkost

Rohkost ist, wie der Name schon sagt, eine Ernährungsform, bei der Lebensmittel nicht gekocht oder erhitzt werden. Rohkostler glauben, dass das Erhitzen von Lebensmitteln wichtige Vitamine und Nährstoffe zerstört. Sie essen daher nur Rohes beziehungsweise auf maximal 42 Grad Erhitztes. Ihre Lebensmittel umfassen überwiegend Obst und Gemüse, Nüsse, Samen und Kräuter.

Wie du dich ernähren möchtest, kannst letztlich allein du selbst entscheiden. Vielleicht hast du dich bislang noch gar nicht bewusst damit auseinandergesetzt, wie und was du zu dir nimmst und welche Auswirkungen deine Ernährung hat. Mittlerweile haben sich einige Regeln in Bezug auf eine gesunde Ernährung herausgebildet, die den derzeitigen Stand der Wissenschaft widerspiegeln. Der Journalist Bas Kast hat diese in seinem Buch *Der Ernährungskompass*[1] zusammengefasst. Sie lauten wie folgt:

1. Ziehe natürliche unverarbeitete Lebensmittel Fertigprodukten vor.
2. Mache Pflanzen zur Hauptspeise und Fleisch zur Beilage.
3. Fisch ist gesünder als Fleisch.
4. Joghurt und Käse sind gesünder als Milch.

1 Bas Kast, 2022, S. 285 ff.

5. Minimiere Zucker und meide industrielle Transfette.
6. Ungesättigte Fette (Fisch, Samen, Nüsse, Avocados, Olivenöl) sind gut.
7. Wenn Abnehmen das Ziel ist, solltest du auf jeden Fall den Eiweiß-Anteil deiner Ernährung erhöhen, also mehr Joghurt, Quark, Fisch und Hülsenfrüchte essen.
8. Versuche, jeden Tag nur innerhalb eines bestimmten Zeitfensters zu essen (Intervallfasten).
9. Omega-3-Fette (Walnüsse, Chia- und Leinsamen, Rapsöl, fettiger Fisch, Omega-3-Kapseln) sind gut, wirken entzündungshemmend und können beim Abnehmen helfen.
10. Vitaminpillen sind überflüssig. Eine Ausnahme bilden Vitamin-D3-Präparate, eventuell Omega-3-Kapseln sowie Vitamin B12, falls du dich vegetarisch oder vegan ernährst.
11. Finde deinen eigenen Weg zwischen Genuss und Gesundheit.

Darüber hinaus solltest du darauf achten, dass die Nahrung, die du zu dir nimmst, viel positives Ki erhält. Dies stellst du sicher, indem du regionale und saisonale Lebensmittel kaufst und verzehrst. Obst und Gemüse, das direkt vor der Türe wächst, ist viel reicher an Vitaminen und sonstigen Vitalstoffen als Lebensmittel, die einen langen Transportweg hinter sich haben. Darüber hinaus haben importiertes Obst und Gemüse eine schlechte Umweltbilanz. Eine regionale und eine saisonale Ernährung gehen Hand in Hand, da du Tomaten im Winter nicht beim Bauern oder regionalen Markt nebenan bekommen wirst. Es ist ratsam, nur zu Nahrungsmitteln zu greifen, die tatsächlich in der jeweiligen Jahreszeit wachsen. Hierdurch stellst du sicher, durch deine Nahrung auch die Energie zu bekommen, die du benötigst.

Teure Vitamintabletten und dergleichen kannst du dir dann sparen.

Nachdem ein Urban Samurai nach Gerechtigkeit strebt und bemüht ist, die Welt zu einem besseren Ort zu machen, solltest du dir neben den reinen gesundheitlichen Aspekten auch Gedanken darüber machen, welche Auswirkungen das derzeitige Ernährungssystem für die Umwelt und die Tierwelt hat. Die meisten Menschen nehmen ihre Nahrung unreflektiert zu sich und machen sich keine Gedanken darüber, was sie essen, woher dieses Essen stammt, unter welchen Umständen es produziert wurde und was es mit ihrem Körper anstellt. Auch beim Thema Ernährung gilt, dass jede Aktion eine Reaktion zur Folge hat. Es drängt sich förmlich auf, dass hochverarbeitete Fertigprodukte und Nahrung aus Massentierhaltung keinen positiven Einfluss auf unsere Gesundheit, unsere Ki-Energie und unsere Umwelt haben. Jedes Mal, wenn wir uns dafür entscheiden, ein Stück billiges Fleisch zu essen, unterstützen wir ein mittlerweile perverses System der Massentierhaltung, schädigen das Klima und führen unserem Körper Nahrung voller schlechter Energie und Stresshormonen zu. Aktion und Reaktion: Die Art, wie wir uns ernähren, hat weitreichende Konsequenzen, nicht nur für uns, sondern auch für unseren Planeten und die Lebewesen auf ihm. Insbesondere im Hinblick auf den exzessiven Fleisch- und Fischkonsum in den Industrienationen könnte man sich zudem mit der Frage beschäftigen, weshalb unser Leben mehr wert sein sollte als das Leben der Tiere, die wir für unser Bedürfnis nach Fleisch und Fisch töten.

Es lohnt daher, einmal einen Blick auf unser Ernährungssystem hinter den Kühlregalen zu werfen. Laut Weltagrarbericht hungern auf diesem Planeten rund 821 Millionen Menschen, während 1,9 Milliarden an Übergewicht und krank machender Fettleibigkeit leiden. Im Jahre 2018 wurden weltweit 2,65 Milliarden Tonnen Getreide geerntet, wovon jedoch weniger als die Hälfte als Lebensmittel diente, sondern zu Tierfutter, Sprit und Industrierohstoffen verarbeitet wurde. Unser Ernährungssystem ist eine der wichtigsten Ursachen für Klimawandel, Artensterben, Umweltverschmutzung, Wasserknappheit, vermeidbare Krankheiten, Kinderarbeit, Armut und Ungerechtigkeit.[1] Das sind ziemlich erschreckende Fakten. Auf der anderen Seite ist es ja nicht so, dass wir hiervon noch nie etwas gehört hätten. Aber wir wollen diese belastenden Umstände schlicht nicht wahrnehmen und unseren Alltag hiermit belasten. Machen wir uns dann aber doch einmal Gedanken, dann landen wir recht schnell bei der Frage, ob der massive Fleischkonsum, den wir in der westlichen Welt seit ein paar Jahrzehnten an den Tag legen, so in Ordnung geht und ob wir tatsächlich das »Recht« haben, »unser täglich Fleisch« auf dem Teller zu bekommen.

Erstaunlicherweise verhalten sich die meisten von uns ziemlich inkonsequent und egoistisch, wenn es um das Thema Fleischkonsum geht. Inkonsequent deshalb, weil der Großteil der Menschen grundsätzlich äußerst empathisch gegenüber Tieren ist und es wohl nur wenige Menschen gibt, die Tierleid und Tierquälerei gutheißen. Viele brächten es nicht übers Herz, ein Tier zu töten, um es anschließend zu verspeisen. Gleichzeitig greifen wir aber bedenkenlos zu Döner, Steak und Schnitzel. Von klein auf wird uns beigebracht, dass Fleischkonsum eine Art Grundrecht wäre, während Vegetarier und Veganer belächelt werden. Dabei wissen wir durch die regelmäßigen Skandale in der Tierindustrie letztlich ganz genau, dass die toten Tiere, die auf unseren Tellern landen, oftmals unbeschreiblichen Grausamkeiten ausge-

1 https://www.weltagrarbericht.de/ (abgerufen am 07.08.2023)

setzt waren. Das Bild vom idyllischen Bauernhof, auf dem die freilaufenden Tiere ein artgerechtes Leben haben, ist dabei eine der größten Selbstlügen. Schätzungen nach macht die Massentierhaltung in Deutschland mittlerweile 98 Prozent aus. Wenn wir sehen würden, welchen Weg das Fleisch beziehungsweise das Tier beschreitet, bis wir es verzehren, würde uns wohl der Appetit vergehen. Obwohl uns all dies im Grunde genommen klar ist, haben wir uns dazu entschlossen, unsere Bedenken zur Seite zu schieben. Denn Fleisch schmeckt uns einfach zu gut. Nachdem mittlerweile wissenschaftlich anerkannt ist, dass eine vegetarische Ernährungsweise keine gesundheitlichen Nachteile mit sich bringt und der Verzicht oder nur geringfügige Genuss von Fleisch gesundheitlich sogar von Vorteil ist, stellt sich die Frage, wie sich die millionen- und milliardenfache Tötung unserer Mitlebewesen zugunsten unseres Geschmackssinns rechtfertigen lässt. Der in der westlichen Welt vorherrschende tägliche Konsum von Fleisch aus Massentierhaltung scheint jedenfalls mehr als fragwürdig. Nicht nur aufgrund der vorherrschenden Massentierhaltung ist Wildfleisch, wie beispielsweise Reh, Wildschwein und dergleichen, industriell gezüchteten und gehaltenen Tieren vorzuziehen. In Massentierhaltung gehaltene Tiere wie Rinder, Schweine und Hühner werden oftmals mit minderwertigem Mastfutter und chemischen Substanzen ernährt. Darüber hinaus leben sie auf engstem Raum und erfahren ihr gesamtes Leben über nichts anderes als Leid. Man braucht nun wahrlich kein Gelehrter zu sein, um zu verstehen, dass diesem Fleisch keine gute Energie innewohnt. Es ist daher nicht zu empfehlen, sich diese negative Energie durch Konsum des Fleisches des toten Tieres einzuverleiben.

Anders verhält es sich hingegen bei Wildtieren. Diese fressen naturgemäß Sträucher, Kräuter, Beeren und Nüsse.

Zudem leben sie ein freies und natürliches Leben. Wildtiere verfügen somit über eine viel bessere und positivere Energie. Ungeachtet dessen, was für eine Art von Fleisch du isst: Du solltest dir immer den Wert dieses Stückes Fleisch bewusst machen und dem Tier innerlich deinen Respekt und Dank erweisen, dass es für dich gestorben ist.

Wie kann nun ein Urban Samurai unverkrampft an das Thema Ernährung herangehen? Der zentrale Ansatz lautet: Dankbarkeit. Dankbarkeit für das Leben, das für uns gestorben und auf unserem Teller gelandet ist. Denn egal was du zu dir nimmst, ob Fleisch, Fisch oder Pflanze, letztlich hat alles einmal gelebt und ist somit für uns gestorben. Wir verzehren andere Lebewesen oder deren Früchte, um uns deren Lebenskraft einzuverleiben. Dankbarkeit ist daher ein zentraler Bestandteil einer achtsamen und respektvollen Einstellung. Abseits etwaiger moralischer Erwägungen stellt die Beherzigung der Ratschläge von Bas Kast sicherlich eine überlegenswerte Ernährungsoption dar, um gesund und fit zu bleiben. Was du zu dir nimmst, entscheidet maßgeblich darüber, ob du eine gute und starke Ki-Energie aufbaust. Alles, was du konsumierst, wird letztlich ein Teil von dir – das gilt im Übrigen nicht nur für Nahrung, sondern für jegliche Form des Konsums.

Reflexionsfragen

- Wann hast du das letzte Mal Fleisch gegessen?
- Was für ein Tier war das?
- Kannst du dich an den Geschmack erinnern?
- Weißt du etwas über das Tier (Haltung, Schlachtung, Lieferkette)?
- Wie oft in der Woche isst du Fleisch?
- Warum?

- Was müsste sich für dich ändern, damit du weniger Fleisch isst?
- Was, denkst du, würde sich verändern, wenn du weniger Fleisch isst?
- Würde es dir etwas ausmachen, an einem oder mehreren Tagen in der Woche kein Fleisch zu essen?

Herausforderung:

- Greife das nächste Mal, wenn du für gewöhnlich Fleisch essen würdest, zu einer vegetarischen Alternative. Wenn du morgen in der Mittagspause für gewöhnlich einen Döner mit extra viel Fleisch und extra scharf essen würdest, dann greife beispielsweise zum Veggie-Döner oder Halloumi-Wrap. Mittlerweile gibt es auch im Fast-Food-Bereich fleischfreie Alternativen.

Bentō-Box

Hast du schon einmal von einer Bentō-Box gehört? Unabhängig davon, was bei dir täglich auf dem Speiseplan steht, kannst du deinem Essen durch das Bentō-Prinzip einen Schuss Samurai-Flair verleihen. Als *Bentō* 弁当 bezeichnet man in Japan eine Brotzeit- oder Vesperdose für unterwegs. Der Begriff Bentō beschreibt die Art, in der die Speisen arrangiert und präsentiert werden. Eine Bentō-Box kann somit prinzipiell für alle Mahlzeiten, ob für Frühstück, Mittag- oder Abendessen oder Zwischenmahlzeiten, verwendet werden. In der Bentō-Box sind verschiedene Speisen enthalten, die durch Schieber und Schälchen voneinander getrennt werden.

Beim Befüllen einer Bentō-Box wird versucht, so viele unterschiedliche Speisen wie möglich einzupacken, die sich vor allem in ihrem Geschmack, ihrer Konsistenz und ihren Farben unterscheiden, schreibt Cam Tu Nguyen in ihrem *Bento Lunch Buch*.[1] In Japan gibt es Bentō schon seit dem 5. Jahrhundert. Die ersten Bentō-Boxen waren Bambusröhren, die auch antiseptisch gewirkt haben sollen. Schon bald nutzte man, um sein Essen bei der Jagd, der Feldarbeit oder der Schlacht gegen den Feind leicht verfügbar zu haben, recht einfache kleine Holzdosen, die man teilweise sogar nach der Mahlzeit wegwarf. Seit dem 15. Jahrhundert

1 Nguyen, 2015, S. 5.

wurden Bentō-Mahlzeiten immer beliebter. Bentō ist somit kein neuartiger Trend aus Japan, sondern eine jahrhundertelange Tradition. Bis heute sind Bentō ein wichtiger Bestandteil des japanischen alltäglichen Lebens.[1] Bentō-Boxen eignen sich perfekt für das Großstadtleben, da sie eine gute Alternative zum schnellen und ungesunden Fast Food in der Mittagspause darstellen. Kurzum, eine Bentō-Box ist das perfekte Accessoire für den Urban Samurai.

In deutschen Vesperdosen findet man oft das klassische Butterbrot neben ein paar Apfelschnitzen, Käsehappen oder Süßigkeiten. In Japan dient das Bentō vielmehr als komplette vollwertige Mahlzeit. Traditionell wird der Inhalt einer Bentō-Box bei Zimmertemperatur verzehrt, ohne die Speisen zuvor nochmals zu erhitzen. Wie so oft in Japan, spielt auch bei der Bentō-Box die Ästhetik eine wesentliche Rolle, weshalb man beim Zubereiten der Box darauf achtet, dass die verwendeten Speisen auch optisch etwas hermachen und so im Zusammenspiel mit der Bentō-Box ein harmonisches farbenfrohes Zusammenspiel zwischen den verwendeten Zutaten entsteht. Durch das Vorbereiten und Gestalten einer Bentō-Box ist man zwangsläufig gezwungen, sich mit seinem Essen auseinanderzusetzen. Außerdem macht die ganze Sache ziemlich viel Spaß.

Traditionell besteht eine japanische Mahlzeit

1 Nguyen, 2015, S. 15.

aus einer Schale Reis, Fisch als Hauptgericht, mehreren Beilagen, einer Suppe und eingelegtem Gemüse.[1] Außerdem sollten in einer japanischen Mahlzeit fünf verschiedene Farben, fünf verschiedene Geschmacksnoten und fünf verschiedene Zubereitungsarten enthalten sein. Daneben lautet die typische Bentō-Regel, dass man die Box im Verhältnis 4:2:1 befüllen soll. Also vier Teile Kohlenhydrate (Reis, Nudel oder Brot), zwei Teile Proteine (Fleisch, Fisch oder Tofu) und jeweils ein Teil andere Zutaten wie Gemüse oder Obst.[2]

Willst du tiefer in die hohe Kunst der Bentō einsteigen, so kann die Zubereitung einer Bentō-Box mit viel Arbeit verbunden sein. Am wichtigsten hierbei ist aber natürlich, dass es dir Spaß macht und du am Ende des Tages etwas zubereitet hast, das du gerne isst. Für den Beginn ist es völlig ausreichend, wenn du dich anhand der 4:2:1-Regel langsam herantastest und versuchst, den Inhalt der Box so abwechslungsreich wie möglich zu halten. Wenn du nun auf den Geschmack gekommen bist, dann besorge dir eine Bentō-Box und fange an, dir dein Mittagessen selbst vor- und zuzubereiten.

1 Nguyen, 2015, S. 7.

2 Nguyen, 2015, S. 12.

17

Entbehrungen – Fasten

Untrennbar mit dem Thema Ernährung verbunden ist das Fasten. Fasten beschäftigt sich mit der Frage, wie, wann und wie viel man an Nahrung zu sich nehmen sollte und ob es sinnvoll sein kann, die Nahrungszufuhr für einen gewissen Zeitraum zu reduzieren oder einzustellen. Unabhängig von der eigenen Ernährungsweise ist es empfehlenswert, sich mit den positiven Eigenschaften des Fastens zu befassen. Denn Fasten reinigt nicht nur den Körper, sondern auch den Geist. Außerdem ist es eine gute Möglichkeit, Verzicht und damit einhergehend Willensstärke zu üben. Insofern verwundert es nicht, dass das Fasten auch Teil der buddhistischen Praxis war, die von manchen Samurai praktiziert wurde. Die Samurai sahen in dem Fasten eine Möglichkeit, ihren Geist zu klären und sich auf ihre spirituelle Entwicklung zu konzentrieren. Das Fasten sollte ihnen dabei helfen, die Kontrolle über Körper und Geist zu verbessern, indem sie sich darin übten, Bedürfnisse einzuschränken und Emotionen zu beherrschen.

Unter Fasten versteht man den freiwilligen Verzicht auf Nahrungs- und Genussmittel für eine begrenzte Zeit. Während Hungern langfristig zu Mangelernährung und Schwächung des Organismus führt, bringt Fasten gesundheitliche Vorteile mit sich. Der Verzicht auf die Aufnahme fester Nahrung erlaubt deinem Verdauungstrakt, sich aufzuräumen und sich zu reinigen. Beim Fasten wird ein Teil der Energie, die sonst für die Nahrungsaufspaltung gebraucht wird, umgeleitet, um die Magenschleimhaut zu reparieren. Das verschafft dem Immunsystem eine Pause, weil es weniger Herausforderungen bewältigen muss. Nun können sich die Zellen und die Bauchspeicheldrüse regenerieren, weil sie nicht fortwährend Verdauungsenzyme produzieren müssen. Hinzu kommt, dass du durch den Verzicht auf das Essen den Wert der Nahrung wieder mehr zu schätzen lernst. Durch das Fasten wirst du erleben, wie sich Hunger anfühlt. Du wirst lernen, wieder besser auf deinen Körper zu hören, und erkennen, was dieser wirklich braucht. Genau dieses Hineinfühlen in den eigenen Körper haben wir aufgrund der ständigen Verfügbarkeit von Nahrung und der daraus resultierenden permanenten Nahrungszufuhr nämlich verlernt.

Es gibt zahlreiche Methoden und Arten des Fastens, vom religiösen Fasten der Muslime im Ramadan bis hin zum Heilfasten mit verschiedenen Gemüsesäften. Auf dem Weg des Urban Samurai wirst du das sogenannte Intervallfasten kennenlernen, welches sich sehr gut in den Alltag integrieren lässt. Dieses verspricht nicht nur ein besseres körperliches Wohlbefinden und die Reduzierung von Krankheiten, sondern ist auch dazu geeignet, Fett ab- und gleichzeitig Muskeln aufzubauen. Als ob das noch nicht genug wäre, kann durch regelmäßiges Fasten die Zellalterung verlangsamt werden, da durch den Fastenprozess defekte Zellen absterben und die Zellerneuerung angeregt wird.

Fasten ist im Grunde sehr einfach umzusetzen, denn im Gegensatz zu bestimmten Diätprogrammen musst du kein mühseliges Kalorienzählen betreiben oder spezielle Ernährungsregeln beachten.

Das Prinzip des Intervallfastens ist simpel: Es gibt Phasen, in denen du normal essen kannst, und Phasen, in denen du keine Kalorien zu dir nimmst, also nichts isst. Es ist in dieser Zeit aber erlaubt, Wasser, ungesüßten Tee oder Kaffee ohne Milch zu trinken. In den Essensphasen kannst du theoretisch essen, was du willst. Natürlich solltest du in der Phase der Nahrungsaufnahme trotzdem nicht ausschließlich zu Fast Food und Tiefkühlprodukten greifen, sondern auch hier auf eine gute ausgewogene Ernährung achten.

Das Intervallfasten orientiert sich am Ernährungsrhythmus unserer steinzeitlichen Vorfahren, die nicht kontinuierliche Nahrung zur Verfügung hatten und daher gezwungenermaßen fasten mussten. Unser Körper ist deshalb evolutionär an Zeiten ohne Nahrungsaufnahme gewöhnt. Anders als bestimmte Diäten wie »No Carb«, »Low Carb« etc., die nicht dafür ausgelegt sind, ein Leben lang durchgeführt zu werden, eignet sich das Intervallfasten hervorragend dafür, langfristig in den Alltag und das Leben integriert zu werden. Der besondere Vorteil des Intervallfastens im Vergleich zum regulären Fasten, also dem durchgehenden Fasten über einen längeren Zeitraum, besteht darin, dass der Körper nicht in den »Hungermodus« schaltet, bei dem der Stoffwechsel heruntergefahren wird. Der sogenannte Jo-Jo-Effekt bleibt daher aus. Wenn es dein Ziel sein sollte, Gewicht zuzulegen, ist sogar dies mit dem Intervallfasten vereinbar, indem du während den Zeiten der Nahrungsaufnahme entsprechend viele Kalorien zu dir nimmst.

Das Intervallfasten nutzt den Umstand, dass in kalorienfreien Phasen nach circa 14 bis 16 Stunden die sogenannte Autophagie in den Zellen anspringt. Dabei verdauen die Zellen überaltertes und fehlerhaftes Baumaterial, wodurch der Körper von Altlasten gereinigt wird. Dieser Umstand könnte die enormen gesundheitlichen Effekte erklären, die dem Intervallfasten nachgesagt werden:

- Fettabbau
- Entzündungshemmung
- Reduzierung der Cholesterinwerte

- Senkung des Blutdrucks
- Stabilisierung des Blutzuckerspiegels

Daneben soll Intervallfasten auch vor verschiedenen Krankheiten schützen beziehungsweise diese bekämpfen. So werden dem Intervallfasten positive Effekte bei Gelenkbeschwerden, Herz-Kreislauf-Erkrankungen, Diabetes sowie Hauterkrankungen zugeschrieben. Sogar vor einigen Krebserkrankungen soll das Fasten schützen und es soll das Leben verlängern können.[1]

Es gibt verschiedene Varianten des Intervallfastens:

Ganze Fastentage: Du fastest einen, zwei oder drei Tage in der Woche (6:1-Fasten, 5:2-Fasten, 4:3-Fasten). An den anderen Tagen isst du ganz normal.
20:4-Rhythmus: Bei dieser auch »Warrior-Diät« genannten Fastenvariante hast du pro Tag nur ein Zeitfenster von vier Stunden, um zu essen. Die restlichen zwanzig Stunden wird bei Wasser und Tee gefastet, wobei es auch Varianten gibt, bei denen man beispielsweise Gemüsesäfte, Kefir und Nüsse zu sich nehmen darf.
16:8-Rhythmus: Sehr beliebte Variante, bei der du jeden Tag 16 Stunden fastest und die restlichen acht Stunden essen kannst. Das 16:8-Fasten ist relativ einfach, wenn du konsequent entweder das Frühstück oder das Abendessen auslässt.

Intervallfasten ist im Prinzip nicht schwer. Während du schläfst, fastest du ja ohnehin. Der Zeitraum, in dem du kei-

1 Weitere Informationen zum Stand der wissenschaftlichen Studienlage: https://www.dge.de/ernaehrungspraxis/diaeten-fasten/intervallfasten/ (abgerufen am 07.08.2023)

ne Nahrung aufnehmen darfst, ist also gar nicht so lange. Ein weiterer Vorteil dieser Methode ist, dass du bestimmst, an welchen Tagen oder in welchem Zeitfenster du fastest. Wenn du zum Frühstück eingeladen bist, dann verschiebst du das Zeitfenster einfach nach hinten. Oder wenn du an deinem Fastentag zum Abendessen zu Freunden gehst, dann verschiebe deinen Fastentag auf den darauffolgenden Tag. Probiere einfach selbst aus, welche Variation des Intervallfastens zu dir und deinem Lebensrhythmus passt.

Beim 16:8-Fasten kommen beispielsweise folgende Zeitfenster in Betracht:

20:00 Uhr bis 12:00 Uhr
Fasten von 20:00 Uhr abends bis 12:00 Uhr mittags am nächsten Tag. Das Frühstück wird ausgelassen, die erste Nahrung nimmst du gegen 12:00 Uhr zu dir. Bis 20:00 Uhr kannst du ganz normal essen, danach beginnt der Zyklus wieder von vorne.

17:00 Uhr bis 9:00 Uhr
Du beginnst das Fastenfenster schon ab 17:00 Uhr und lässt es tags darauf um 9:00 Uhr enden. Das heißt, du kannst vormittags ein Frühstück zu dir nehmen, verzichtest aber auf das Abendessen nach 17:00 Uhr.

19:00 Uhr bis 11:00 Uhr
Bei dieser Zwischenvariante fastest du von abends 19:00 Uhr bis 11:00 Uhr am nächsten Tag. Theoretisch könntest du dir also ein spätes Frühstück, ein Mittagessen und ein frühes Abendessen genehmigen.

Das Fasten an kompletten Tagen hingegen hat den Vorteil, dass du dir an den Tagen, an denen du nicht fastest, keine Gedanken über Zeitintervalle, Essenszeiten und Ähnliches zu machen brauchst. Dafür musst du aber an dem oder den Fastentagen diszipliniert sein. Ein ganzer Fastentag ist zu Beginn sehr anstrengend. Wenn du es jedoch durchziehst, wirst du schon nach wenigen Wochen einen Gewöhnungseffekt bemerken und dich sogar auf die essensfreien Tage freuen. An den Fastentagen solltest du darauf achten, nicht mehr als 600 Kalorien zu dir zu nehmen, wenn du ein Mann bist, und nicht mehr als 500 Kalorien, wenn du eine Frau bist. Sonst schaltet der Körper nicht in den Fastenmodus und du verlebst einen Hungertag, ohne dir die positiven Eigenschaften des Fastens zunutze zu machen. Entscheidest du dich für mehr als einen Fastentag pro Woche, kannst du die Fastentage entweder direkt hintereinander durchführen oder du lässt zwei oder drei Tage Abstand.

Reflexionsfragen

- Hast du schon einmal bewusst auf deine Nahrungsaufnahme verzichtet oder gefastet?
- Wie hast du dich während des Fastens körperlich und emotional gefühlt? Gab es besondere Herausforderungen oder Schwierigkeiten?
- Hast du Veränderungen in deiner Energie, Schlafqualität, Stimmung oder geistigen Klarheit bemerkt?
- Wie hat sich dein Essverhalten während und nach dem Fasten verändert? Gab es Veränderungen in deinen Geschmackspräferenzen oder deinem Hungergefühl?
- Würdest du wieder fasten? Wenn ja, welche Änderungen würdest du vornehmen, um das Fasten angenehmer oder effektiver zu gestalten?

Herausforderung

- Verzichte morgen auf Frühstück oder Abendessen und beobachte, wie es dir hierbei geht. Fiel dir der Verzicht schwer? Oder war es leichter als erwartet? Hast du viel über die ausgefallene Mahlzeit nachgedacht, oder warst du froh, dir keine Gedanken darüber machen zu müssen, was du wann und wo essen musst?
- Faste probeweise nach einer der dargestellten Methoden.

18

Die Summe der Gewohnheiten – Morgenroutine

Du weißt jetzt, was man benötigt, um ein Urban Samurai zu sein, und kennst die Werkzeuge, die dich wachsen lassen und dir die Möglichkeit geben, einen Beitrag für eine bessere Welt zu leisten. Wie im Leben gilt auch auf dem Weg des Urban Samurai, dass Wissen nicht mit Erfahrung gleichzusetzen ist. Du kannst dir noch so viel theoretisches Wissen aneignen, solange du es nicht ausprobierst, ist es wertlos. Es ist daher wichtig, die Dinge aus diesem Buch, die sich für dich richtig und gut anfühlen, in deinen Alltag zu integrieren. Denn letztendlich sind wir die Summe unserer Gewohnheiten. Isst du über Jahre hinweg ausschließlich Fast Food, wirst du irgendwann dick und krank. Rauchst du jahrelang, bekommst du schlechte Haut, dir bleibt die Luft weg und im schlimmsten Fall kriegst du Krebs oder eine Herz-Kreislauf-Erkrankung. Treibst du hingegen Sport und ernährst dich gesund, bleibst du für gewöhnlich fit und stark. Übst du dich regelmäßig in Achtsamkeit und Meditation, führst du ein bewussteres Leben. Legst du wöchentlich einen kleinen Sparbetrag beiseite, wird sich dieser über die Jahre zu einer stattlichen Summe aufaddieren. Übst du ausdauernd ein Selbstverteidigungssystem, eine Sportart, ein Instrument oder dergleichen, so wirst du irgendwann respektable Erfolge vorweisen können.

Eisen ist voller Verunreinigungen, die es schwächen. Durch das Schmieden wird es zu Stahl und wird transformiert in ein rasierklingenscharfes Schwert. Menschenwesen entwickeln sich auf vergleichbare Weise.

Morihei Ueshiba

Eine Gewohnheit ist eine durch stete Wiederholung selbstverständlich gewordene Handlung. Sie läuft oft mechanisch ab, sodass man sich ihrer Ausführung gar nicht mehr bewusst ist. Integriert man regelmäßige neue Abläufe in sein Leben, können diese zur Gewohnheit werden. Eine gute Möglichkeit dazu stellt eine Morgen- oder Abendroutine dar.

Dein Wecker klingelt schon das zehnte Mal, ehe du dich endlich aufraffen kannst, das Bett tatsächlich zu verlassen. Du springst schnell unter die Dusche und ziehst dir auf dem Weg zur U-Bahn noch ein Schoko-Croissant rein. Gerade noch rechtzeitig, aber schon unter vollem Stress kommst du dann bei der Arbeit an. So oder so ähnlich sieht der Alltag von vielen aus. Die guten Vorsätze, die du dir vorgenommen hast, sind morgens im Bett auf einmal nicht mehr viel wert. Wenn du auf diese Art und Weise aufstehst, dann lässt du dich einfach nur treiben und versuchst, irgendwie noch halbwegs Kurs zu halten. Mit der proaktiven Lebensweise eines Urban Samurai hat dies jedoch nichts zu tun.

Bemerkst du bei dir eine reaktive Lebensweise, versuche, aus ihr auszubrechen und selbst den Takt vorzugeben. Eine Morgenroutine kann dir dabei helfen und dafür sorgen, dass du wieder selbst die Kontrolle über dein Leben übernimmst. Wie wir uns morgens verhalten, entscheidet nicht selten über den ganzen restlichen Tag – es kann den gesamten restlichen Tag entweder positiv oder negativ beeinflussen.

Der amerikanische Navy-Seal-Offizier William McRaven lehrte seinen Kadetten, stets nach dem Aufwachen sofort das Bett zu machen.[1] Das Bett zu machen war die erste Aufgabe des Tages. Jeder, der das schafft, ist in der Lage, danach noch eine Aufgabe zu erledigen. Und dann noch eine und noch eine.

Sei ehrlich. Machst du morgens dein Bett oder lässt du es einfach so, wie es war, als du morgens rausgekrochen bist? Falls Letzteres auf dich zutrifft, dann solltest du spätestens morgen früh deinen Tag damit beginnen, dein Bett zu machen. Du wirst sehen, du wirst dich gleich besser fühlen. Das Ziel einer Morgenroutine ist es, mit positiver Energie aktiv in den Tag zu starten und hierdurch ein Momentum aufzubauen. Unser Tag besteht aus vielen kleinen oder großen Herausforderungen, die es zu meistern gilt. Das Bett zu machen ist keine sonderlich schwere Aufgabe, aber direkt nach dem Aufstehen doch irgendwie unangenehm. Genau darum geht es. Wenn du diese kleine erste unangenehme Aufgabe erfolgreich hinter dich gebracht hast, hast du dein Sieger-Mindset aktiviert und bist bereit, auch die übrigen Hindernisse des Tages anzugehen und zu überwinden. Über den Tag verteilt wirst du auf diese Weise viele kleine Siege anhäufen und weiterwachsen.

Eine Morgenroutine besteht also aus verschiedenen Gewohnheiten. Ohne es zu wissen, hat ein jeder von uns seine ganz eigene Morgenroutine. Das Dumme hieran ist, dass diese eingeschliffenen Routinen oftmals nur dem Stress dienlich sind und man dadurch bereits unausgeglichen in den Tag startet. Das könnte etwa so aussehen:

1 Admiral William H. McRaven (University of Texas at Austin 2014) https://www.youtube.com/watch?v=pxBQLFLei70

6:30 Uhr: Der Wecker klingelt.
6:30–7:10 Uhr: Du drückst 3x die Snooze-Taste.
7:10 Uhr: Du greifst dein Handy und checkst Social Media, E-Mails und Nachrichten.
7:20 Uhr: Du stehst auf und machst dir einen Kaffee, während du weiter mit deinem Handy spielst.
7:35 Uhr: Du springst schnell unter die Dusche, putzt dir die Zähne, kämmst dir die Haare und ziehst dich an.
7:50 Uhr: Du nimmst schnell noch einen Schluck Kaffee, lässt alles stehen und liegen und rennst zur Straßenbahn.
7:55 Uhr: Du hast die Straßenbahn gerade noch erwischt.

So oder so ähnlich sieht wohl der Morgen vieler berufstätiger Menschen aus. Sobald wir aus dem Bett steigen, beginnt der Stress. »Achtsamkeit, Meditation, Sport, gute Ernährung, Weiterbildung? Klar, sobald ich dieses eine Projekt in der Arbeit abgeschlossen und mehr Zeit habe …!« Das alles hört sich nicht sonderlich nach einem erwachten Kriegergeist an. Die Kunst, ein Urban Samurai zu sein, besteht darin, den Weg nicht nur in der Freizeit zu beschreiten oder im Rahmen guter Vorsätze an ihn zu denken, sondern ihn aktiv in das Alltagsleben zu integrieren. Versuche also, deinen Tag nicht voller Stress und Negativität, sondern mit Samurai-Spirit zu starten. Die schwierigste Aufgabe hierbei wird sein, zu der von dir vorgenommenen Zeit auch tatsächlich aufzustehen. Dein größter Feind ist also die Snooze-Taste deines Weckers. Man ist versucht, dem Schlaf nachzugeben und sich doch noch ein paar Minuten zu gönnen. Echte Erholung bringt dieses längere Schlafen aber nicht. Vielmehr produziert dein Körper Stresshormone, da deine Tiefschlafphase ohnehin beendet ist und du eigentlich weißt, dass du schon längst aufgestanden sein müsstest. Außerdem führt dieses spätere Aufstehen dazu, dass du bereits an der ersten Herausforderung des Tages gescheitert bist und somit mit einem schlechten Mindset in den Tag startest, das sich nur mühsam wieder ins Gegenteil verkehren lässt.

Läutet in der Früh also der Wecker, muss deine erste Handlung sein, ihn auszuschalten und aufzustehen. Am besten platzierst du ihn nicht direkt neben deinem Bett, sondern weiter weg, damit du aufstehen musst, um ihn auszumachen. Man sagt, dass eine neue Gewohnheit circa 60 Tage braucht, um sich zu verfestigen. Versuche daher, mindestens diese 60 Tage lang stets zur gleichen Uhrzeit aufzustehen und nicht die Snooze-Taste zu drücken. Auf diese Weise wirst du eine Gewohnheit schaffen, und es wird dir bald sogar seltsam vorkommen, wenn du nicht sofort aufstehst.

Auch solltest du nicht dein Handy als Wecker benutzen. Zum einen setzt du dich dadurch auch nachtsüber elektronischer Strahlung aus und zum anderen bist du abends vor dem Schlafen ständig in Versuchung, deine Zeit sinnlos mit deinem Handy zu vergeuden. Empfehlenswerter ist hier die Lektüre eines klassisch analogen Buches. Durch die ständige Verfügbarkeit des Internets konsumieren wir ohnehin schon übermäßig viel Schädliches und Belangloses. Dementsprechend versteht sich, dass ein Fernsehgerät im Schlafzimmer eines Urban Samurai nichts verloren hat.

Auch solltest du dir nach dem Aufstehen Zeit für dich nehmen und nicht sofort deine Social-Media-Kanäle, E-Mails, Nachrichten und dergleichen checken. Hierdurch lenkst du dich von dir selbst ab und befasst dich sofort mit Dingen und Personen, die erst einmal nichts mit dir zu tun haben. In den sozialen Netzwerken bist du außerdem ständig dem unterbewussten Druck ausgesetzt, dass dein Leben auch so toll sein muss wie das der gefakten Influencer. Schläfst du mit dem Handy in der Hand ein, wachst du auch morgens gleich wieder mit dem Handy in der Hand auf. Du bist also permanent abgelenkt, überall, aber nie bei dir und deinem Leben. Du begibst dich selbst in die Scheinwelten der Influencer, die 13:00-Uhr-Besprechung mit dem Chef oder liest die neuesten politischen Schlagzeilen. Das Resultat ist Stress. Stress, mit dem du einschläfst, und Stress, mit dem du aufstehst. Wenn du also nur einen einzigen Vorschlag für deine Morgenroutine umsetzen willst, dann sollte es der sein, dass die ersten zwanzig bis dreißig Minuten des Tages handyfrei sind. Versuche, achtsam und gelassen in den Tag zu starten, indem du deinen Geist erst mal in Ruhe aufwachen lässt. Du hast den restlichen Tag noch genug Gelegenheit, deine Zeit mit dem Handy zu verbringen und die Herausforderungen des Tages anzugehen.

Anstatt dich also morgens mit Medienkonsum zu belasten, könntest du Techniken aus den Kapiteln zu Shin-Gi-Tai üben. Du könntest also beispielsweise meditieren, eine kleine Teezeremonie durchführen oder Bodyweight-Training machen. Alternativ könntest du etwas Kurzes lesen oder gar selbst etwas schreiben. Du könntest auch einen kleinen Spaziergang machen und bewusst das Erwachen der Umgebung wahrnehmen. Letztlich liegt es an dir, welche Dinge du morgens tun willst. Die Umsetzung dieser Dinge benötigt meist viel weniger Zeit, als du denkst. Trotzdem wirst du ein wenig früher aufstehen müssen, wenn du bislang immer erst kurz vor knapp aufgestanden bist. Wie viel früher, das musst du selbst entscheiden. Fällt es dir ohnehin leicht, morgens aus dem Bett zu kommen, und bist du bereits morgens schon voller Energie, dann könntest du ganze 90 Minuten früher aufstehen und die Zeit für zahlreiche Dinge nutzen, die du gern tun würdest und sonst nicht unterbringst. Fällt es dir hingegen eher schwer, aufzustehen, dann versuche deinen Wecker zumindest eine halbe Stunde früher zu stellen.

Für welchen Ablauf und für welche morgendlichen Gewohnheiten du dich auch entscheidest, sollte es dein Ziel sein, dass du dich wohlfühlst und Spaß an der Sache hast. Andernfalls wirst du die Routine nämlich nicht lange durchhalten und schnell wieder in alte Muster verfallen. Dein morgendlicher Ablauf soll zu einer festen Gewohnheit und letztlich zu einer Routine werden, die du nicht mehr hinterfragst. Eine gute Morgenroutine kann dir Kraft und Energie für den ganzen Tag geben. Eine schlechte Morgenroutine hingegen kann dazu führen, dass dein Tag schon mit Stress beginnt und sich diese negative Energie bis zum Abend durchzieht und somit letztlich dein gesamtes Leben bestimmt. Es ist nicht einfach, eine neue Morgenroutine zu etablieren. Doch mit Konsequenz, Disziplin und Motivation ist es zu schaffen. Denke auch hier daran, dass eine der wichtigsten Eigenschaften des Urban Samurai die Selbstdisziplin ist.

Bevor du mit deiner Morgenroutine loslegst, solltest du dir unbedingt einen Plan machen. Andernfalls läufst du Gefahr, wieder in deinen üblichen Morgentrott zu verfallen. Schreibe dir auf, wann du aufstehen wirst und welche Dinge du im Anschluss im Rahmen deiner Morgenroutine angehen wirst. Wichtig ist, dass die Morgenroutine zu dir passt. Es bringt also nichts, wenn du die Morgenroutine eines erfolgreichen Tech-Milliardärs oder eines anderen Stars unreflektiert übernimmst. Du musst für dich selbst ausprobieren, welche Übungen für dich geeignet sind, und vor allem, ob du auch in der Lage bist, sie jeden Morgen konsequent auszuüben. Denn nur auf diese Weise können sie zur Gewohnheit und somit zur Routine werden. Was du auf jeden Fall stets berücksichtigen solltest, ist, immer zur gleichen Zeit aufzustehen.

Die folgende Routine kann dir als Anregung dienen:

5:30 Uhr: Aufstehen und das Bett machen, ein Glas Wasser trinken, Toilette
5:45 Uhr: Meditieren
6:00 Uhr: Fitness und dehnen
6:30 Uhr: Duschen (am besten eine Wechseldusche) und sich fertig machen
7:00 Uhr: Frühstück und eine Mini-Teezeremonie
7:30 Uhr: Verlassen des Hauses

Egal wie du deine Morgenroutine letztlich gestaltest, wichtig ist, dass du dich nicht übernimmst und dir realistische Ziele setzt. Wenn du merkst, dass du dir in der Morgenroutine zu viel vorgenommen hast, dann schalte einen Gang zurück. Wie wäre es beispielsweise damit, nach dem Aufstehen einfach nur zehn oder gar nur fünf Minuten zu meditieren? Es müssen nicht gleich die vollen zwanzig Minuten oder eine halbe Stunde sein. Wenn du noch etwas für deine Fitness tun willst, könntest du zusätzlich zehn Kniebeugen oder eine Minute den Reiterstand machen. Es muss nicht gleich das volle Fitnessprogramm sein, wenn dir das morgens einfach zu viel ist. Hast du die zehn Kniebeugen verinnerlicht, könntest du diese um zehn Liegestütze ergänzen. Eine derartige Morgenroutine kostet dich nur wenige Minuten und führt trotzdem dazu, dass du mit frischer Energie in den Tag startest.

Nimm dir also selbst den Druck, und etabliere das, was du realistischerweise durchsetzen kannst und auch willst. Bemerkst du, dass du gern länger meditieren oder zusätzlich zu den Kniebeugen noch ein paar Liegestützen machen möchtest, dann kannst du die Morgenroutine einfach nach deinen Bedürfnissen erweitern. Denke daran, dass es nicht darum geht, weiteren Optimierungsstress zu generieren, sondern den Tag mit einem guten Gefühl und einem Sieger-Mindset zu starten.

Eine Morgenroutine zu etablieren hört sich wahnsinnig leicht an, ist aber ein wirklich schwieriges Unterfangen und erfordert einiges an Disziplin. Das wirst du merken, wenn der Wecker eine halbe, dreiviertel oder ganze Stunde früher klingelt und du dir schlaftrunken überlegst, ob du mit der Morgenroutine nicht doch lieber erst am nächsten Tag beginnst oder sie ausnahmsweise ausfallen lässt. Lasse aber keine Ausreden und Ausnahmen zu, denn setzt du die Routine einmal aus, setzen sofort wieder deine alten Gewohnheiten ein – und schnell wird die Ausnahme wieder zur Regel. Solltest du einmal verschlafen oder deine Morgenroutine nicht so klappen, wie du dir es vorgestellt hast, lasse dich nicht entmutigen. Es ist noch kein Meister vom Himmel gefallen. Setze dich also nicht selbst unter Druck. Probiere es einfach am nächsten Tag wieder und überlege dir, was du anders machen oder verbessern könntest. Frage dich zum Beispiel: Hast du genug Schlaf oder gehst du zu spät ins Bett? Hast du dir für die Morgenroutine zu viel aufgebürdet? Gibt es in deiner Morgenroutine Übungen, auf die du eigentlich überhaupt keine Lust hast?

Deine Morgenroutine sollte sich gut anfühlen und keine Qual sein. Sie soll dir Spaß machen und deine Ki-Energie aufladen. Die Wahrscheinlichkeit, dass du die von dir geplante Morgenroutine auch tatsächlich durchführst, steigerst du enorm, indem du bereits am Vorabend alles Nötige vorbereitest. Möchtest du morgens joggen gehen, dann lege dir deine Sportkleidung bereits abends zurecht, sodass du mehr oder weniger nur noch aus dem Bett in die Klamotten fallen musst. Gleiches gilt, wenn du planst, dir einen Shake oder ein Frühstück zuzubereiten. Niemand hat morgens große

Lust, erst einmal alle Zutaten zusammenzusuchen und Obst und Gemüse zu schneiden. Eine gute Vorbereitung am Abend ist daher schon eine halbe Morgenroutine am nächsten Tag.

Probiere aus, was für dich möglich ist und welche Dinge zu dir und deiner Morgenroutine passen. Versuche, stets ehrlich mit dir selbst zu sein und herauszufinden, was dir wirklich guttut. Gleichzeitig musst du aber auch konsequent sein und bereit, deine Komfortzone zu verlassen. Natürlich ist es unangenehm, früh aufzustehen. Es ist vielleicht auch unangenehm, sich zum Meditieren hinzusetzen oder ein Fitness-Work-out zu absolvieren. Gerade deshalb solltest du diese Dinge tun. Denn sie sind zwar kurzfristig unangenehm, bringen dich aber langfristig zu deinem Ziel.

Vielleicht ist eine Morgenroutine auch gar nichts für dich und demotiviert dich nur. Dann ist das ebenso. In dem Fall probiere doch eine Abendroutine. Hier kannst du die gleichen Übungen wie morgens durchführen. Doch auch die Abendroutine hat ihre Tücken. So kann es schwer sein, sich nach einem anstrengenden Arbeitstag noch einmal zu motivieren und die entsprechende Energie für die Übungen aufzubringen.

Anstatt dein gesamtes Programm in eine Morgen- oder Abendroutine zu packen, ist es natürlich auch möglich, die verschiedenen Aktivitäten auf den Morgen und den Abend gleichermaßen zu verteilen. Beispielsweise könntest du morgens eine Fitnesseinheit absolvieren und abends vor dem Zubettgehen für 15 Minuten meditieren und deine Affirmationen aufsagen. Ob morgens oder abends, es ist wichtig, dass du positive Gewohnheiten aufbaust und die Routine sinnvoll in deinen Alltag integrierst. Schon wenige Minuten am Tag können hier den Unterschied machen.

Indem du positive Gewohnheiten in dein Leben integrierst,

wirst du Schritt für Schritt zu einer besseren Version deiner selbst. Durch das beständige Umsetzen deiner Vorhaben und Routinen schöpfst du zudem Kraft, um die vielfältigen kleinen und großen Herausforderungen des Lebens zu meistern.

Für dich als Urban Samurai ist es wichtig, eine Kriegermentalität zu entwickeln, die dich davon abhält, vor deinen Herausforderungen davonzulaufen. Denn wegzulaufen bringt dich nicht weiter. Weglaufen bedeutet, dass du dich der Situation nicht stellst und dein Leben nicht proaktiv und selbstbestimmt führst. Indem du Herausforderungen aus dem Weg gehst, kannst du weder etwas von ihnen lernen noch Einfluss nehmen. Vielmehr bringst du eine Distanz zwischen dich und das Problem, das infolgedessen ungelöst bestehen bleibt. Weglaufen ist in einem solchen Fall also eine denkbar schlechte Entscheidung.

Allerdings sind wir nicht zu jedem Zeitpunkt im Leben bereit, uns jedweder Herausforderung zu stellen. Versuche in der betreffenden Situation ehrlich einzuschätzen, ob du dazu in der Lage bist oder in dem Moment eben nicht. Erkennst du, dass du noch nicht bereit bist, dann ziehe dich einstweilen zurück und bereite dich vor. Baue dir ein starkes Fundament auf, und entwickle dich so weiter, dass du später zurückkehren und die Herausforderung überwinden kannst.

Meistens sind auch unsere Ziele und Träume mit Herausforderungen verbunden. Es würde gewiss keinen Spaß machen, würden einem bestimmte Lebensträume und Ziele einfach in den Schoß fallen. Damit du die Herausforderungen auf deinem Weg zum Ziel meistern kannst, musst du an dir und deinen Träumen arbeiten und dich jeden Tag ein Stück näher zu diesem Ziel hinarbeiten. Sei dir auch dessen bewusst, dass ein wesentlicher Teil des Wegs darin besteht, mit Hindernissen und Stolpersteinen umzugehen. Rück- und Fehlschläge gehören zum Leben dazu. Im Grunde genommen machen sie das Leben erst lebenswert und lassen uns Erfolg und Glück wertschätzen. Aus ihnen können wir für die Zukunft lernen und werden stärker. Ohne Niederlagen würden wir uns nicht weiterentwickeln. Würde alles schon beim ersten Mal funktionieren, gäbe es keinen Lerneffekt und kein Wachstum. Sei daher dankbar, wenn etwas nicht so läuft, wie du es dir vorstellst. Oft wissen wir gar nicht, wofür ein Fehlschlag vielleicht gut ist, und nicht selten stellt sich heraus, dass eine vermeintlich schlechte Sache doch noch für etwas gut war oder eine Türe geöffnet hat, die andernfalls verschlossen geblieben wäre.

Wie auch die alten Samurai erkennt der Urban Samurai, dass der eigentliche Feind tief im eigenen Inneren liegt und der Kampf darin besteht, gegen die eigenen Schwächen und Unzulänglichkeiten anzukämpfen. Ob er nun eine Herausforderung erfolgreich bestanden hat oder nicht: Sofern er sein Bestes gegeben hat, bleibt er mit einem guten Gefühl zurück. Denn in jedem Fall lernt er aus seinen Erfahrungen, mögen sie gut oder schlecht sein. Eine wesentliche Aufgabe des friedvollen Kriegers besteht somit darin, sich den Herausforderungen des Lebens zu stellen und an den gewonnenen Erfahrungen zu wachsen. Alle Erfahrungen, gute wie schlechte, sind der Treibstoff für seinen eigenen Fortschritt.

Reflexionsfragen

- Wie sieht dein üblicher Morgen aus?
- Sieht dein Morgen am Wochenende oder in den Ferien anders aus?
- Fühlst du dich morgens gehetzt? Falls ja, woran, denkst du, liegt das?
- Wie viel früher müsstest du aufstehen, um mehr Zeit für deinen üblichen Morgenablauf zu haben?

- Gehst du rechtzeitig ins Bett und bekommst genügend Schlaf?
- Welche dir wichtigen Dinge würdest du gerne bereits morgens erledigt haben?

Herausforderung

- Verbanne deinen Fernseher aus deinem Schlafzimmer.
- Besorge dir einen Tageslichtwecker.
- Mache morgen nach dem Aufstehen direkt dein Bett.
- Erstelle dir eine Morgenroutine.

Epilog: Senshin – Der erleuchtete Geist

Die alten Samurai strebten nach der vollkommenen Meisterschaft und wussten doch, dass diese zu Lebzeiten nicht erreicht werden kann. Heute wie damals muss sich der friedvolle Krieger den Herausforderungen des Lebens stellen. In einer Welt, die von Hektik, Stress und Unsicherheit geprägt ist, fällt es oft nicht leicht, sich klarzumachen, was eigentlich das Wesentliche im eigenen Leben ist. Indem der Urban Samurai den Weg des friedvollen Kriegers und seinen eigenen Pfad beschreitet, erlangt er seinen Fokus zurück und erkennt, worauf es ankommt. Obgleich er mit den Widrigkeiten und Herausforderungen des Lebens klarkommen muss, bewahrt der Urban Samurai inneren Frieden und versucht, ein erfülltes Leben zu führen. Er kultiviert sich selbst und verbindet die Disziplin und das Streben nach Vervollkommnung der alten Samurai mit der Anpassungsfähigkeit und Flexibilität des modernen Menschen. Der Urban Samurai strebt danach, sich sowohl geistig als auch körperlich weiterzuentwickeln und sich für die gerechte Sache einzusetzen. Er ist ein friedvoller Krieger, der beschützt, was ihm wertvoll ist. Er weiß, dass wahre Stärke darin liegt, friedfertig und mitfühlend zu handeln. Wer dies begreift, der erlangt *Senshin* 先心, den erleuchteten Geist. Senshin oder auch das »reine Herz«, ist der Zustand der tiefen Einsicht und des Mitgefühls. Es ist die Fähigkeit, den inneren Frieden und die Ruhe inmitten von Stress und Unsicherheit zu bewahren. Der erleuchtete Geist erkennt, dass alles miteinander verbunden ist und dass wir durch unser Handeln Einfluss auf die Welt um uns herum haben.

Je ehrlicher und konsequenter du auf dem Weg und deinem Pfad gehst, umso mehr wirst du dich dem reinen Herzen annähern. Strebe danach, die verschiedenen Geisteszustände zu verbinden und Meisterschaft zu erreichen. Das Streben nach Meisterschaft ist ein ewiger Prozess, aber es ist dieses Streben selbst, das das Leben lebenswert macht. Der Urban Samurai blickt voller Zuversicht in die Zukunft und findet so zu echtem Frieden.

Anhang

Die fünf Geisteshaltungen

Shoshin 初心 (»Anfängergeist« oder »unbefangener Geist«)
Dieser Geisteszustand bezieht sich auf eine offene und neugierige Einstellung, die frei von Vorurteilen und Annahmen ist. Er wird als grundlegende Haltung angesehen, die es einem ermöglicht, neue Dinge zu lernen und zu erfahren. Wer den Anfängergeist verinnerlicht, dessen Weg ist voller Chancen und Möglichkeiten.

Zanshin 残心 (»gegenwärtiger Geist« oder »verbleibender Geist«)
Dieser Geisteszustand beschreibt eine Art von Aufmerksamkeit, die nicht nur auf eine Handlung oder Situation gerichtet ist, sondern auch danach bestehen bleibt. Er umfasst eine kontinuierliche Wachsamkeit und die stete Bereitschaft, auf mögliche Änderungen oder neue Herausforderungen zu reagieren. Er ist allgegenwärtig, nimmt den Fluss des Lebens wahr, ohne an irgendetwas oder irgendjemanden gebunden zu sein.

Fudōshin 不動心 (»unbewegter Geist« oder »unerschütterlicher Geist«)
Mit Fudōshin ist eine innere Ruhe und Stärke gemeint, die es einem ermöglicht, auch in schwierigen und stressigen Situationen einen kühlen Kopf zu bewahren. Es geht darum, emotionale Reaktionen zu minimieren und sich auf das Wesentliche zu konzentrieren. Der unerschütterliche Geist ist unbeirrt und trotzt allen Herausforderungen. Wer ihn in sich trägt, verliert niemals sein Ziel aus den Augen.

Mushin 無心 (»geistloser Geist« oder »Nicht-Geist«)
Mushin beschreibt einen Zustand der Absichtslosigkeit, in dem man vollständig im gegenwärtigen Moment aufgeht und völlig frei von allem Ballast, von Ablenkungen und Gedanken ist. Wer sich im Zustand des »Nicht-Geistes« befindet, kann sich vollständig auf die Aufgabe oder Situation konzentrieren und auf Angriffe des Gegners ohne zu zögern und ohne zu überlegen reagieren.

Senshin 先心 (»erleuchteter Geist« oder »reines Herz«)
Der erleuchtete Geist vereint die vorangegangenen Geisteshaltungen und verbindet alles miteinander. Wer diesen Geisteszustand erreicht, befindet sich im Einklang mit sich selbst und dem Universum. Dieser Geisteszustand beschreibt eine Art von Weisheit und Einsicht, die jahrelanger Übung und Erfahrung bedarf, bevor sie erreicht werden kann. Der erleuchtete Krieger erkennt, dass das größte Gut das Leben selbst ist. Wer hierum weiß, befindet sich auf dem Weg zu echtem Frieden.

Meditation und Achtsamkeit

Geräuschmeditation

Diese Meditations- oder Achtsamkeitsübung wird an Orten mit einer hohen Geräuschkulisse ausgeführt und ist ideal, um Achtsamkeit unterwegs zu üben. Gerade in der Stadt sind wir tagtäglich dutzenden Geräuschen ausgesetzt, die das Gehirn glücklicherweise filtert und einordnet, da wir andernfalls wohl durchdrehen würden. Mithilfe der Geräuschmeditation kannst du lernen, die dich täglich umgebenden Geräusche bewusst, selektiv und meditativ wahrzunehmen. Hierdurch schärfst du deinen Geist und übst dich in achtsamer Wahrnehmung und insbesondere darin, deinen Fokus an- und auszuschalten.

Nachdem diese Übung verschiedene Geräusche voraussetzt, eignet sich beispielsweise eine Bahnfahrt, der Aufenthalt an einer Bushaltestelle oder auf einer Bank in der Fußgängerzone wunderbar hierfür.

Setze dich mit aufrechtem Rücken hin und schließe deine Augen. Sollte dies nicht möglich sein, kannst du die Übung auch im Stehen durchführen. Atme einige Atemzüge lang tief in deinen Unterbauch (Hara). Danach normalisierst du deine Atmung und versuchst, in einen natürlichen Rhythmus zu kommen. Sodann legst du deinen Fokus auf dein Gehör und die dich umgebenden Geräusche. Versuche zunächst, alle Geräusche gleichermaßen wahrzunehmen. Du wirst bemerken, dass dich viel mehr Geräusche umgeben, als du dachtest. Das können Stimmen, Tiergeräusche, Wind,

Regen, das Knistern von Blättern, Musik, Arbeits- und Bewegungsgeräusche und dergleichen mehr sein. Suche dir nun ein ganz bestimmtes Geräusch heraus, und konzentriere dich allein auf dieses. Nachdem du dir das Geräusch eine Weile »angehört« hast, kannst du beginnen, dir folgende Fragen zu stellen:

- Kennst du das Geräusch und kannst du einordnen, durch was es hervorgerufen wird?
- Ist das Geräusch laut oder leise? Verändert es seine Lautstärke?
- Ist das Geräusch angenehm oder unangenehm?
- Löst das Geräusch irgendeine Emotion in dir aus (Neugier, Wut, Gelassenheit, Glück oder Ähnliches) oder stehst du ihm neutral gegenüber?

Wenn du das Gefühl hast, das Geräusch ausreichend »beobachtet« zu haben, dann wähle dir ein neues Geräusch aus und konzentriere dich auf dieses. Beobachte, was zwischen dem Übergang deines Fokus auf das neue Geräusch geschieht. Erfolgt der Übergang nahtlos oder entsteht eine Pause? Wiederhole die Fokusfragen mit dem neuen Geräusch. Nach einer Weile kannst du abermals zu einem neuen Geräusch wechseln oder aber wieder zum ersten Geräusch zurückkehren. Hat sich dieses verändert? Wenn du merkst, dass du genug hast, beende die Übung. Höre wieder ganz normal. Wie fühlt und hört sich das an?

Achtsames Gehen

Eine weitere praktische Übung, wie du deine Achtsamkeit unterwegs schulen kannst, ist die sogenannte Gehmeditation, auch »achtsames Gehen« genannt. Für gewöhnlich laufen wir automatisiert und ohne darüber nachzudenken von A nach B, ohne dem Vorgang des Gehens besondere Aufmerksamkeit zu schenken. Einzig in der Zeit, als wir als Kleinkinder laufen gelernt haben, lagen unser Fokus und unsere volle Achtsamkeit auf dem Laufen selbst, also auf der Bewegung und Koordination unseres Körpers mit dem Untergrund, und auf dem Weg, den wir zurücklegten. Nachdem wir das Gehen jedoch verinnerlicht hatten, haben wir diesen Fokus verloren und können uns seither während des Gehens auf andere Dinge konzentrieren. Entweder denken wir über etwas nach, wir telefonieren, wir tragen etwas oder nutzen die Fähigkeit der Fortbewegung auf andere Weise in unserem täglichen Leben. Nachdem wir – sofern körperlich möglich – täglich gehen, stellt die Fokussierung auf das Gehen eine gute Möglichkeit zur Übung der Achtsamkeit dar.

Das achtsame Gehen hilft uns, zurück in das Jetzt zu kommen und das Gedankenkarussell mit all seinen Einfällen, Plänen und Sorgen zeitweilig abzuschalten. Wie auch bei anderen Achtsamkeitsübungen geht es darum, im gegenwärtigen Moment präsent zu sein und den Fokus auf das zu legen, was wir gerade tun. Diese Übung lässt sich hervorragend in den Alltag integrieren. Wartest du beispielsweise auf den Zug, kannst du dir eine Strecke auf dem Bahngleis wählen und diese achtsam hin und her gehen.

Dabei gehst du folgendermaßen vor: Richte deinen Fokus auf deine Füße. Stelle dich zu Beginn ganz natürlich hin und stehe mit beiden Füßen fest auf dem Boden. Versuche dein Gewicht auf beiden Beinen gleichermaßen zu verteilen und eine angenehme Position einzunehmen. Die Arme lässt du einfach locker hängen. Nimm ein paar Atemzüge und atme tief in deinen Unterbauch (Hara). Danach normalisierst du deine Atmung und versuchst in einen natürlichen Rhythmus zu kommen. Mache einen ersten ganz langsamen Schritt und konzentriere dich auf den Untergrund, auf dem du läufst, und versuche, den Boden zu spüren. Am besten gelingt die Übung, wenn du deine Schrittgeschwindigkeit auf ein absolutes Mindestmaß verlangsamst. Beobachte, wie du ganz langsam mit deiner Ferse auf dem Boden auftrittst, dich über die Fußsohle abrollst und am Ende auf dem Ballen und den Zehen aufkommst, ehe du mit deinem anderen Bein den nächsten Schritt machst. Beobachte, wo sich dein Gewicht und Schwerpunkt während des Gehens und der unterschiedlichen Abschnitte befinden. Mache langsame, aber gleichmäßige, flüssige Bewegungen. Beobachte, ob sich dein Körper und dein Empfinden während der Übung verändern. Nimm wahr, wie sich deine Muskeln beim Abheben des Fußes anspannen und wie dein Körper und die Muskulatur daran arbeiten, das Gleichgewicht zu halten. Fokussiere dich allein auf den Vorgang des Gehens. Überprüfe von Zeit zu Zeit, ob das Gedankenkarussell sich bereits wieder dreht und du im Kopf schon wieder ganz wo anders bist. Wenn das so ist, dann kehre einfach wieder zur Übung zurück und mache einen bewussten Schritt nach dem anderen. Wenn du das Gefühl hast, die Übung beenden zu wollen, dann bleibe stehen und spüre nach, wie sich deine Füße und dein Körper anfühlen. Mache noch einmal drei tiefe Atemzüge in den Bauch und kehre in den Alltag zurück.

Selbstverteidigung und Schlagfertigkeit

Waffen in der Selbstverteidigung

Wenn du nun den Weg des Urban Samurai beschreitest, wirst du fortan wohl kaum mit einem Samurai-Schwert bewaffnet durch die Gegend laufen. Gleiches gilt für Schusswaffen, wie Revolver und Pistolen. Solange du nicht der Polizei oder einer sonstigen Berufsgruppe angehörst, die Waffen führen darf, wirst du sicher nicht in die Verlegenheit kommen, mit einer Pistole am Halfter durch deutsche Großstädte zu spazieren. Im Hinblick auf den Waffenbesitz ist auch zu beachten, dass der sogenannte kleine Waffenschein nur zum Führen von sogenannten Schreckschuss-, Reizstoff- und Signalwaffen berechtigt. Inwieweit solche Waffen überhaupt einen Nutzen haben, ist umstritten. Zum einen musst du mit diesen Waffen umgehen können. Zum anderen versprichst du etwas, was du nicht halten kannst. Wenn du eine Pistole auf jemanden richtest, dann geht dein Gegenüber davon aus, dass es sich um eine echte Waffe handelt und du ihn erschießen könntest. Sofern dein Gegner auch bewaffnet ist, könnte er vielleicht aufgrund deiner Waffe unter Druck geraten und seinerseits Gebrauch von einer echten Waffe machen. Hinzu kommt, dass Reizgas, egal ob aus der Pistole oder einem Abwehrspray heraus gefeuert, funktionieren kann, aber nicht funktionieren muss. Manchmal stehen Angreifer derart unter Alkohol- und Drogeneinfluss sowie unter Adrenalin, dass selbst das Schießen mit einer scharfen Waffe den gegnerischen Angriff nicht vollständig abwehrt.

Zudem besteht bei der Verwendung von Waffen die Gefahr, dass du dich selbst verletzt oder aber die Waffe in die Hände des Gegners fällt. Wenn du trotzdem eine Schreckschusswaffe oder Reizwaffe mitführen willst, dann ist es unabdingbar, dass du ganz genau weißt, wie sie richtig und verantwortungsvoll zu handhaben ist. Du solltest dich also mit der Waffe auseinandersetzen und trainieren, mit ihr umzugehen – selbst wenn es sich nur um ein Pfefferspray handelt.

Schlagfertigkeitstechniken

Keine-Wahl-Fragen erkennen und kontern

»Willst du heute Abend lieber ins Kino oder TV schauen?«

Solche Fragen sind ein geschicktes Mittel der Manipulation. Der Fragende lässt dir nämlich nur vermeintlich eine Wahl. In jedem Fall will er aber heute Abend mit dir einen Film sehen – sei es im Kino oder zu Hause. Du hast aber vielleicht weder Lust, ins Kino zu gehen, noch, einen Film im Fernsehen zu schauen. Oftmals antworten wir reflexartig, weil wir nicht unhöflich sein wollen und zur Beantwortung von Fragen erzogen worden sind. Wenn du mit den angebotenen Varianten nicht einverstanden bist, könntest du beispielsweise antworten: »Weder noch. Du weißt ja, dass ich immer mittwochabends zum Sport gehe!« oder »Nein, vielen Dank, ich möchte weder einen Kaffee noch etwas Süßes. Es bleibt bei der Laugenstange.«.

Gegenfragen als Verteidigungsmittel

Es gilt als unhöflich, Fragen nicht zu beantworten, weshalb wir oftmals sogar eine Antwort geben, wenn es sich um eine völlig unangebrachte Frage handelt. Manchmal werden Fragen auch gestellt, um das Gegenüber in eine Rechtfertigungslage zu bringen. Hier gilt es zu beachten, dass wir nicht zwangsläufig jede Frage beantworten müssen.

»Magst du lieber die Missionarsstellung oder die Löffelstellung?« Diese Frage lässt dir zum einen nur zwei Alternativen zur Auswahl und ist zum anderen absolut indiskret und geht niemanden etwas an. Du kannst derartige Fragen abwehren, indem du eine Gegenfrage stellst. »Warum willst du das wissen?« oder »Findest du nicht, dass das eine sehr intime Frage ist, die dich eigentlich nichts angeht?«.

Dadurch drehst du den Spieß um, und der andere sieht sich auf einmal in der Verlegenheit, antworten zu müssen. Du kannst die Abwehr von unangebrachten Fragen trainieren, indem du in deinem Alltag öfter mal versuchst, eine Frage mit einer Gegenfrage zu beantworten. Vielleicht fragst du dich, warum du das tun solltest. Die Antwort hierauf lautet: Warum nicht?

Subjektivierung des Angriffs

Wenn dich jemand ohne ersichtlichen Grund niedermacht und dir beispielsweise an den Kopf wirft, dass das, was du erzählst, absoluter Schwachsinn ist, oder dich gar persönlich beleidigt, könntest du erwidern: »Danke für diesen qualifizierten Einwurf!«, oder: »Kannst du deine Beleidigung auch begründen?«, oder: »Ich bin gerne bereit, dass wir beide uns nachher noch einmal ausführlich über das Thema unterhalten.«

Leitet dein Gegenüber seinen Angriff mit einer Floskel wie beispielsweise »Ich denke« oder »Ich finde« ein, besteht eine Abwehrtechnik darin, die Attacke als subjektive Meinung zu deklarieren. Auf eine Beleidigung wie beispielsweise »Ich denke, das ist absoluter Schwachsinn!« könntest du erwidern: »Das ist deine Meinung. Bitte akzeptiere, dass ich das anders sehe.«

Reflektieren des Angriffs

Ein weiteres Stilmittel, um sich zur Wehr zur setzen, ist das der »Reflexion«. Diese Abwehrtechnik ist leicht anzuwenden, da du dich am Angriff orientieren kannst. »Du siehst heute aber wieder fertig aus!« konterst du mit »Dann passen wir ja gut zusammen!« oder »Das stimmt, aber noch lang nicht so schlimm wie du!«. Die Technik ist deshalb so simpel, weil du letztlich die Beleidigung auf elegante Weise zurückgibst.

Unerwartete Zustimmung

Willst du dem Angreifer den Wind aus den Segeln nehmen, eignet sich die »Technik des unerwarteten Zustimmens«. »Du bist aber dick!« konterst du mit »Na, das hast du aber gut beobachtet! Toll!«. Den Einwurf »Sie haben ja nicht mal studiert!« konterst du mit »Genauso ist es, und trotzdem sitze ich jetzt hier!«.

Nachdem du dem Vorwurf oder der Beleidigung letztlich zugestimmt hast, bietet sich dem Aggressor keine Angriffsfläche mehr und er ist derjenige, der nun wie ein Rüpel dasteht. Eng mit dieser Methode verwandt ist die »Technik des Überakzeptierens«: Auf eine Aussage wie »Du bist aber klein!« erwiderst du »Ja, mein Zweitberuf ist Gartenzwerg!«.

Die Überhöhung des Gegners

Die Überhöhung des Gegners ist ein weiteres Verteidigungsmittel, um verbale Attacken abzuwehren. Hiermit entkräftest du den Angriff, indem du Enttäuschung über den Angriff zeigst und dem Gegner zu verstehen gibst, dass du ihm mehr Verstand oder Stil unterstellt hättest: »Gerade von dir hatte ich eigentlich erwartet, dass du das Konzept, das ich erklärt habe, verstehst« oder »Gerade von einem Mann in Ihrer Position hätte ich so eine respektlose Aussage nicht erwartet!«. Auch durch diese Technik wirfst du den Angriff mit voller Wucht auf den Angreifer zurück, der dann aufgrund deiner vermeintlichen Erwartung in Rechtfertigungsnot gerät.

Schmeichelei statt Zwist

Wenn du eine verbale Attacke abwehren willst, ohne unnötig aggressive Energie aufzubauen, kannst du dein Gegenüber mit der »Kompliment-Technik« kampfunfähig machen. Diese Technik ist sehr simpel, da du letztlich den Angreifer bestätigst und ihn bittest, dir zu helfen. »Ich finde den Artikel, den Sie geschrieben haben, fachlich absolut schlecht!« könntest du wie folgt kontern: »Es stimmt, ich habe noch lange nicht Ihre langjährige Erfahrung in diesem Bereich. Vielleicht könnten Sie mir ein paar Hilfestellungen geben?«

Ein anderer Stempel

Eine rhetorisch wirklich starke Waffe ist die »Technik der Umetikettierung«. Ein verbaler Angriff hat oftmals ein Wort zum Inhalt, das dir etwas Negatives unterstellt und dich auf die ein oder andere Weise abstempeln soll. Du musst diesen negativen Stempel, den dir der verbale Angreifer aufdrücken will, aber so nicht stehen lassen. Vielmehr kannst du ihn vorteilhaft für dich uminterpretieren. Deine Abwehrtechnik leitest du immer mit dem Einleitungssatz »Wenn das bedeutet, dass …« ein. »Du hast aber einen Putzfimmel!« etikettierst du also um zu »Wenn Putzfimmel bedeutet, dass ich meine Wohnung gerne sauber und rein halte, ja, dann gebe ich dir recht, dann habe ich einen Putzfimmel!«. »Du bist aber geizig!« etikettierst du um in »Wenn geizig bedeutet, dass ich das Geld nicht zum Fenster rausschmeiße und nicht für unnütze Dinge ausgebe, um auch in schlechteren Zeiten abgesichert zu sein, ja, dann bin ich geizig«.

Die Verkäufer-Technik

Verwandt mit der Umetikettierungs-Technik ist die »Gerade-weil-Technik«. Auch bei dieser Technik greifst du den negativen Vorwurf oder Einwand heraus und verwendest ihn zu deinen Gunsten. Der eigentlich als Einwand gedachte Satz »Das ist aber teuer!« wird zu deinem Vorteil, wenn du entgegnest: »Gerade weil das Produkt so teuer ist, ist es auch so einmalig und konkurrenzlos!«

Den Stempel zurückschmeißen

Eng mit den beiden vorherigen Methoden verwandt ist die »Technik des extremen Gegenteils«. Hierbei handelt es sich im Prinzip um eine Form des Umetikettierens. Auf die Aussage »Sie sind aber noch ein sehr junger Anwalt!« könntest du etwa erwidern: »Wäre Ihnen ein alter Anwalt lieber, der am Tag Hunderte von Fällen bearbeitet und für den Sie nur eine Nummer sind?«

Diese Technik kannst du auch verwenden, wenn die Konversation einen erkennbar aggressiveren Ton annimmt. Sagt dein Gegenüber beispielsweise einen Satz wie »Du bist aber ganz schön schüchtern!«, kannst du in den Gegenangriff gehen und erwidern: »Besser schüchtern als so aufdringlich wie du!«

Die zweifache Abwehr

Wenn dir jemand etwas vorwirft, dich der Lüge bezichtigt oder beleidigt, dann solltest du das nicht unwidersprochen stehen lassen. Andere könnten sonst zur Auffassung geraten, es sei etwas an dem Vorwurf dran. Auf jeden Fall aber lässt es dich schwach erscheinen. In solchen Fällen kannst du die »Technik der zweifachen Abwehr« benutzen.

Diese Technik ist elegant und einfach. Mit dem ersten Schlag wehrst du den Angriff ab (»Da irren Sie sich!«) und mit dem zweiten Schlag behauptest du das komplette Gegenteil der negativen Aussage (»Ich bin einer der besten Marketingstrategen der ganzen Stadt!«).

Danach gibst du keine Erklärungen mehr ab. Deine Aussage ist damit ein Statement, das keiner weiteren Erklärung bedarf. Halte deine Antwort sehr kurz, und zeige dem Angreifer seine Grenzen auf. Bis hierhin und nicht weiter! Diese Technik ist vor allem dann geeignet, wenn dich die Verbalattacke völlig unvorbereitet trifft und du nicht weißt, wie du schnell inhaltlich kontern kannst.

Die Geheimwaffe

Eine echte Geheimwaffe ist die »Verwirrungs-Technik«. Wenn dich jemand beleidigt oder in einer Verhandlung mit einer Aussage überfährt, auf die du auf Anhieb keine Antwort weißt, zünde eine verbale Rauchbombe. Lege eine ernsthafte Miene auf und gib einen rätselhaften oder gar sinnfreien Spruch von dir, der gar nicht zum vorherigen Kontext passt.

»Das mag zwar sein, aber meine Großmutter pflegte immer zu sagen, ein Spatz ist kein Düsenjäger!« oder »Steht es nicht geschrieben, dass alle Menschen klug sind; die einen vorher, die anderen nachher?« oder »Meine Oma sagte immer, flache Gewässer sind oft turbulent, während man tiefen Gewässern nicht ansieht, was sich in der Tiefe verbirgt!«.

Lasse den Satz seine Wirkung entfalten und den Angreifer daüber nachdenken. Nachdem der Satz keinen Sinn ergibt, wird der Angreifer wahrscheinlich fragen, was damit gemeint sein soll. Hierauf erwiderst du: »Denk darüber nach, du wirst schon auf die Antwort kommen!«

Selbst wenn der Angreifer wiederholt nach dem Sinn fragt, bleibe standhaft und verweise ihn darauf, dass er sicher selbst darauf kommen wird. Hierdurch hast du die Rollen verdreht, und der Angreifer ist auf einmal der Idiot, der zu dumm ist, das Rätsel zu lösen, und gerät bestenfalls völlig aus dem Konzept.

Weitere Informationen zu Buch und Autor findest du auf
www.felician-scheu.de
sowie unter folgendem QR-Code:

Danksagung

Zuerst möchte ich mich bei meiner Ehefrau Magdalena bedanken, die mich ermutigt hat, dieses Buch zu schreiben, und immer an mich geglaubt hat. Weiter möchte ich meinem lieben Freund Dr. Fatah Naji danken, der mir während des Schreibprozesses mit konstruktiver Kritik und guten Ideen zur Seite stand. Natürlich möchte ich mich auch bei meinen Eltern bedanken, die mir einen moralischen Kompass und tugendhafte Werte auf den Weg gegeben haben und mich mein ganzes Leben lang in allen Bereichen unterstützt und gefördert haben. Auch möchte ich meinem Patenonkel Hermann Baur danken, der es mir seinerzeit mit ermöglicht hat, für längere Zeit in Japan zu leben. Weiter danke ich meiner verstorbenen Großmama, die mich immer zum Schreiben ermutigt hat. Nicht zuletzt möchte ich mich bei meinen Lektorinnen Frau Patricia Ging, Frau Dr. Martina Darga und bei Herrn Andreas Klaus für die tolle Zusammenarbeit bedanken sowie beim Verlag, der von Anfang an an das Potenzial dieses Buches geglaubt hat.

Literatur

Deshimaru-Roshi, Taisen: *Za-Zen. Die Praxis des Zen.* Verlag Werner Kristkeitz, Heidelberg 2003.

Fromm, Erich: *Haben oder Sein. Die seelischen Grundlagen einer neuen Gesellschaft.* Deutscher Taschenbuch Verlag, München 2012.

Hartley, Aimee: *Richtig gut Atmen. Die Kraft des Atems für mehr Energie und Ruhe.* Zabert Sandmann, Hamburg 2021.

Hubbard, Ben: *Das große Buch der Samurai. Die goldene Zeit der japanischen Elite-Kämpfer.* Wieland Verlag GmbH, Bad Aibling 2019.

Jäger, Willigis: *Die schönsten Texte von Willigis Jäger.* Herder, Freiburg 2012.

Kabat-Zinn, Jon: *Gesund durch Meditation. Das große Buch der Selbstheilung mit MBSR.* Knaur.Leben, München 2019.

Kaptchuk, Ted J.: *Das große Buch der chinesischen Medizin. Die Medizin von Yin und Yang in Theorie und Praxis.* Knaur, München 2010.

Kast, Bas: *Der Ernährungskompass. Das Fazit aller wissenschaftlichen Studien zum Thema Ernährung.* Penguin, München 2022.

Miller, Rory: *Meditations on Violence. A Comparison of Martial Arts Training and Real World Violence.* YMAA Publication Center, Wolfeboro 2008.

Nguyen, Cam Tu: *Das Bento Lunch Buch, Anregungen. Tipps und Rezepte für jeden Tag.* Jaja, Berlin 2015.

Nitobe, Inazo: *Bushido. Die Seele Japans.* Nikol, Hamburg 2011.

Preston, Thomas: *Samurai-Geist. Der Weg eines Kriegers*

in den japanischen Kampfkünsten. Verlag Werner Kristkeitz, Heidelberg 1999.

Skuban, Ralph: *ATMEN. Der Weg zur individuellen Atempraxis.* O.W. Barth, München 2022.

Steiner, André Daiyû: *Die 7 Wege der Samurai. Management und Führung mit fernöstlichen Prinzipien.* Wiley VCH GmbH, Weinheim 2012.

Tōhei, Kōichi: *Das Ki-Buch. Der Weg zur Einheit von Geist und Körper.* Verlag Werner Kristkeitz, Heidelberg 2002.

Ueshiba, Morihei: *Die Kraft des Friedens On The Go. Weisheit und Furchtlosigkeit für unterwegs.* Windpferd, Aitrang 2017.

Yamamoto, Jōchō: *Hagakure. Die Maximen der Samurai.* Reclam, Ditzingen 2021.

Yamamoto, Tsunetomo: *Hagakure. Hinter den Blättern.* Angkor, Frankfurt 2002.

YouTube-Link

Admiral William H. McRaven (University of Texas at Austin 2014) https://www.youtube.com/watch?v=pxBQLFLei70

Über den Autor

Felician Scheu ist Rechtsanwalt, Autor und Kampfkünstler. Er wurde am 03.12.1984 in Stuttgart geboren und studierte Rechtswissenschaften an der Universität Bayreuth sowie an der kaiserlichen Gakushūin-Universität in Tokio, Japan. Seit 2015 arbeitet er als Rechtsanwalt und Fachanwalt in Nürnberg.

Neben seiner anwaltlichen Tätigkeit war er bereits als Laiendarsteller im japanischen TV-Programm und in mehreren japanischen Werbespots zu sehen. Seit frühester Kindheit begeistert er sich für die Kultur und die Weisheiten Japans und setzt sich intensiv mit diesen Themen auseinander. Während seiner Zeit in Japan hatte er die große Ehre, die Kampfkunst Aikidō beim letzten Schüler des Begründers Morihei Ueshiba, Kenji Shimizu, zu erlernen.

Daneben praktizierte er diverse andere Kampfkünste und unterrichtet heute das israelische Selbstverteidigungssystem Krav Maga im Stil von Eyal Yanilov. Felician Scheu schreibt und referiert sowohl über rechtliche Themen als auch über die Kultur Japans, mit Fokus auf die Samurai und die Persönlichkeitsentwicklung auf dem Weg des friedvollen Kriegers.